佛道之辨与文塑造

白俊峰 ◎ 著

以盘山北少林寺为中心

天津社会科学院出版社

图书在版编目（CIP）数据

佛道之辩与人文塑造 ：以盘山北少林寺为中心 ／ 白俊峰著． -- 天津 ： 天津社会科学院出版社，2024. 8.
ISBN 978-7-5563-0980-1

Ⅰ．K928.75

中国国家版本馆 CIP 数据核字第 2024SX9317 号

佛道之辩与人文塑造：以盘山北少林寺为中心
FODAO ZHI BIAN YU RENWEN SUZAO:
YI PANSHAN BEISHAOLINSI WEI ZHONGXIN

责任编辑：李思文
责任校对：吴　琼
装帧设计：安　红
出版发行：天津社会科学院出版社
地　　址：天津市南开区迎水道 7 号
邮　　编：300191
电　　话：（022）23360165
印　　刷：北京盛通印刷股份有限公司
开　　本：710×1000　　1/16
印　　张：16.75
字　　数：205 千字
版　　次：2024 年 8 月第 1 版　　2024 年 8 月第 1 次印刷
定　　价：88.00 元

一座寺院的晨昏

一片山林的荣枯

一眼千年的过往

目　录

引言　/ 001

一 、点缀山林　/ 007

二 、消失的建筑　/ 021

三 、始建年代　/ 034

四 、动荡时局　/ 047

五 、更名栖云观　/ 056

六 、复名法兴寺　/ 068

七 、定名少林寺　/ 080

八 、僧人的修行　/ 091

九 、重修与借宿　/ 104

十 、多宝佛塔　/ 115

十一、公共事务　/ 135

十二、智朴和尚　/ 148

十三、乾隆的塑造　/ 162

十四、盐商足迹　/ 189

十五、荒败　/ 201

十六、抗日烽火　/ 217

十七、灵光独耀　/ 227

余论　/ 243

主要参考文献　/ 249

图版目录　/ 254

致谢　/ 257

补记　/ 259

引　言

　　这本小书的缘起，借用王士禛《盘山志序》的话，可谓"机缘契合，盖非偶然"①。

　　2017 年，蓟州盘山北少林寺多宝佛塔在修复过程中，意外发现佛龛内藏有文物，天津市文化遗产保护中心受国家文物局和天津市文物局指派，对其进行了考古清理，并联合中国文化遗产研究院对出土文物开展了历时多年的保护修复。2023 年 3 月，修复后的文物从北京运回天津市元明清天妃宫遗址博物馆。6 月，天津市文化遗产保护中心启动考古报告的撰写工作，并决定以公共考古的视角，围绕考古、保护和研究，策划一个专题展览。

　　就是在这个时候，笔者冒雨登上多宝佛塔所在的龙首岩，领略到了古人笔下北少林寺爽垲明秀的景致。那天，我们住的农家院在北少林寺遗址旁。午后与农家院老板聊天，意外得知其

---

　　①　（清）王士禛《盘山志序》，收入智朴《盘山志》，中国书店，1997 年，第 7 页。

伯父家藏有一块残碑。来到老乡家，笔者在鸡窝中看到了这块久经雨淋风蚀的石碑，也就是屡见于著录的元代北少林寺练魔期碑。人占鸡窝，鸡叫不宁，匆忙拍几张照片传给同事，大家看后都很兴奋。此后，这块碑常在笔者脑海里盘桓。待到7月份的某日，趁单位到蓟州库房检查工作的档隙，笔者嘱咐同事与老乡沟通，将残碑顺利运回元明清天妃宫遗址博物馆，成为日后展览的重要展品。

彼时，展览大纲正在撰写，检索文献时发现，关于北少林寺的记载多有抵牾，特别是智朴《盘山志》中对寺院历史的错误认识，让我们不得不回到史料，一点点从头爬梳。为分担大家的压力，笔者根据史料，整理出一篇《北少林寺历史沿革考》供大纲组参阅。稿子搁置一段时间后，感觉意犹未尽，于是经过扩充和改写，便有了这本小书。

这本书可看作为北少林寺"立传"、为盘山"写真"，但篇幅有限，难言周详，充其量只是北少林寺的"小传"，对盘山的讨论也是择取某些剖面，以粗笔勾勒为主。当然，笔者的意图还在于提出议题。这些议题并不局限于一座寺院、一片山林的过往，也关涉政治史、社会史、宗教史乃至艺术史，等等，希望以此引发多科学和多维度的思考——盘山是一部大书，至今还没有受到应有重视，值得认真品味。当然，我们不能把盘山局限在一个地域文化符号，将视野禁锢在区域历史研究的范畴，这片山林和遗产其实具有很强的典型性和代表性，对它的研究，可以指向自然与人文层累互动的经典话题。

本书的"传主"北少林寺位于天津市蓟州区盘山中部，旧名法兴寺，元初更名为北少林禅寺，现存多宝佛塔一座，是盘山人文遗产的重要构成和观察盘山人文史的典型个案。[①]写作中，综合运用了历时—共时、实体—文本、个体—环境这三组对应的概念来讨论北少林寺。这些概念所包含的研究方法，在考古学、历史学、文学乃至艺术史研究中已经得到普遍应用。"历时"强调北少林寺的演变脉络，是本书最基本的讨论方式；"共时"则关注北少林寺所处的空间方位，以及与自然环境、其他寺院等形成的复杂关系，并与线性的时间脉络进行统合观察。"实体"指北少林作为一种"被观察对象"的物质性存在，尽管其古老建筑已经无存，但作为曾经存在的实体，具有典型的公共空间的属性；"文本"指围绕北少林寺形成的历史书写、绘画图记，它们既为今人观察北少林寺提供了重要参考，又形成一个基于"观看者"立场的接受体系，亦是与"实体"不可分割的重要历史构成，是围绕盘山层累生成的"文本遗产"[②]。"个体"可以看作北少林寺自身形成的一个微观单元；"环境"则强调北少林寺所处的不同时代以及对寺院带来的影响，亦即历史语境。笔者会在大的时代背景和不同的政治、社会、文化环境中观察北少林寺。进一步说，使用不同的研究方法，是在整合时间与空间、主体与客体、个体与整体的关系，尽可能地丰富对这座寺院的认知。

　　讨论中，笔者有意识将北少林寺看作一件独立的艺术品，

---

① 少林寺并非一个专有或特定名词，古代寺院多有称少林寺者。为便于叙述，本书用"北少林寺""盘山北少林寺"，或用"法兴寺""栖云观"等，名称依不同语境而定。

② "文本遗产"是笔者提出的一个概念，是相对于盘山的实体遗产而言的。它既依托于盘山的自然与文化遗产，又具有独立性，同时又不属于单纯的非物质文化遗产。关于盘山历史文化遗产的讨论中，多注重实体遗产，对文本遗产目前关注不够。

或是盘山这张画布中具有"点缀山林"①意义的景观。按照接受美学的观点，当寺院接纳了人的活动后，才会成为带有层累堆叠特征的文化空间。公共空间作为一种景观，如果没有人的参与，也就无法生成"召唤结构"②，难以形成不断被唤醒的传统。正是由于不同时代的人不断地观看它、描述它，才赋予其全新的、代表不同语境的线条和色彩，亦即价值和意义。

北少林寺是一个时间容器，蕴含了丰富的历史信息，也是观察中国北方佛教文化发展的典型个案。笔者将北少林寺可考历史分为两个阶段：一是金元时期，寺院深度"参与"佛道之争，宗教属性是其基本属性；二是明清时期，皇帝、僧人、文士等对盘山进行了"人文塑造"，北少林寺人文属性增强，宗教属性逐渐淡化。这是一个"层累塑造"的过程，与盘山寺院的历史分期相符，也与佛教明代以来的不断世俗化合拍，参与其中的既包括寺院僧人和争夺占有权的道士，也包括"观看者"。他们分别"竞争"宗教与文化的话语权。前者是胜负输赢的博弈，后者是才情趣味的竞赛，堆叠出一道多彩的文化景观。因此，本书基本上由两部分组成，第一部分为"佛道之辩"，观察盘山佛教发展史中最具代表性的一个事件；第二部分为"人文塑造"，以北少林寺为引子，讨论明清两朝对盘山的接受和塑造。前者聚焦历史演变的"点"，后者关注历史现象的"面"。特别是后者，在讨论中需要提供历史语境，故看上去有些散，但力求以神摄形，不至于杂乱无章。

---

① 薛龙春在《点缀山林：摩崖石刻与胜迹的塑造》中使用了"点缀山林"一词，本书使用这个词是受到薛龙春启发。薛文见《北京大学学报（哲学社会科学版）》2023年第 3 期。

② "召唤结构"是接受美学的一个重要概念，由德国接受美学家沃尔夫冈·伊瑟尔提出，指艺术作品的不确定性，呈现为一种开放性结构，随时召唤接受者能动地参与，通过想象以再创造的方式接受。

本书在梳理文献的同时，还大量使用了碑刻铭记、考古材料等作为讨论的重要支撑。因为职业的缘故，笔者越来越感到眼见并不为实。胡适所谓"大胆假设，小心求证"，倒不如说"大胆怀疑，小心证伪"。历史研究的一个基本认识是，实物比文献可靠。智朴在《盘山志》中对北少林寺历史的多处错误记载，就是通过对读碑刻铭记发现的。但是，实物的真实性并不意味着所携带的历史信息就具有原真性，有时也会"欺骗"人。碑刻铭记中的记载，也需要小心对待。一个典型的例子是，僧人或道士围绕寺院立碑刻铭，会有基于各自立场的表述，产生一种奇妙的"互文"效应。很难说他们在碑铭中客观反映了事实，但也没有理由完全推翻他们的记录。两厢对读，或许就会更加靠近真实的历史情境。文字之间的"冲突"，需要花工夫去弥合。而史料之间的空白，又需要合理的想象去填补。这也提醒我们，处理考古材料与文献材料尽管在方法上存在区别，但任何方法都要服务于讨论的对象，不必囿于学科界限。当然，讨论的边界和分寸也是必不可少的，否则就会流于武断。

　　为便于读者阅读，本书在每节之后会另附文字，或对正文提出的问题进行详细考证，或提供延伸阅读的内容，或附录有关重要文献，作为"副文本"与正文一同出现。因此，本书的讨论实际上采用了主线与辅线两条线索，主线聚焦北少林寺本事，辅线稍加延展，读者可相互参照。

一、点缀山林

按照所处区域来划分，古代寺院可分两类：都市寺院与山林寺院。北少林寺属于典型的山林寺院，即"山上有座庙"。千百年来，寺院和山林朝夕相处，静观枯荣。

认识北少林寺，时间是一个重要维度，不过还需要从空间上去观察。寺院由始建到圮废，代表了时间线性演进的状态。如果将时间抽取，把盘山看作一个独立空间，北少林寺在盘山所处的方位，以及与其他寺院发生的微妙关系，就代表了基于空间维度的共时性观察方式。这是考古学中常用的概念，学者们还将其引入美术史等研究。[①]

[①] 历时与共时两个概念在人文科学领域受到广泛关注。巫鸿将空间引入美术史研究，提出一系列新方法，他在《空间的敦煌：走近莫高窟》（生活·读书·新知三联书店，2022年）一书中认为：与其通过朝代史的滤镜把敦煌艺术化解为线性进化，不如以"空间"的概念为切入点把莫高窟当作可以实际走近和进入、可以用目光触摸的历史地点和场所。由于这种理解方式强调同时性而非回顾性，原境分析而非线性进化，它更接近于历史主体——即建造和使用莫高窟的历代人们——的实际经验。相关讨论亦见巫鸿的《"空间"的美术史》（上海人民出版社，2018年）一书。

如何认识空间中的寺院？我们需要首先明确一点，即自然环境尤其是地质地貌作为一种空间形态，会对人文景观的塑造产生重要影响。盘山致密坚硬的花岗岩、白云岩、石灰岩形成巍峨陡峭的中低山地貌，挂月峰、自来峰、紫盖峰、舞剑峰等名胜均由花岗岩构成，山中林木葱郁，别有情致，袁宏道将其形象地概括为"外骨而中肤"[①]。这与南方灵秀的山水风貌不同，高士奇认为："南中诸山，不少巉崖冲湍，未有如此之幽邃者。"[②]幽邃的环境正所谓"深山藏古寺"，为寺院营建、僧人修行提供了得天独厚的条件。但是，山林大多不具备开敞宏阔的空间，这也决定了山林寺院的规模往往较小，也没有都市寺院那般繁华热闹。

　　盘山多圆石，由颗粒粗大、结构疏松、风化作用明显的花岗岩构成，形成怪石嶙峋的丘陵地貌。典型的怪石地貌分布在千像寺、北少林寺遗址等周边地区，亦即俗称的"中盘"。这种地质特点，决定了该地区不适合凿造石窟，因此，盘山罕见石窟。僧人借助风化而成的花岗岩石，通过凿刻佛像，形成规模庞大的千像寺石刻造像群（图1.1），现存线刻佛造像552尊，是国内已知分布面积最广、体量最大的辽代民间石刻造像群。[③]

　　当然，寺院对盘山的空间形态也会产生影响，那些散布山林的道场，具有标识方位、明确经纬的重要作用，为我们感知盘山的空间提供了便利，也使山林具备丰富的可读性，北少林寺就是这方面的典型。

---

①　（明）袁宏道《游盘山记》，收入智朴《盘山志》卷六，中国书店，1997年，第240页。

②　（清）高士奇《盘山志序》，收入智朴《盘山志》，中国书店，1997年，第8页。

③　天津市文化遗产保护中心于2003年6月至2005年11月，对千像寺造像进行了"地毯式"调查，共调查线刻佛造像124处535尊；2020年以蓟州为重点开展了石窟寺（石刻）专项调查，通过3个多月的野外工作，又在千像寺遗址及周边地区发现一批线刻佛像。见《蓟县千像寺造像田野调查简报》，收入《天津考古（一）》，天津市文化遗产保护中心编著，科学出版社，2013年，第216—224页。

图 1.1 千像寺石刻造像 刘健摄

北少林寺位于盘山中盘，今盘山烈士陵园北1公里，距古刹千像寺和乾隆所建的行宫——静寄山庄不远。古人早就细致观察过北少林寺所处的空间环境。智朴《盘山志》称："山有三盘：晾甲石为下盘，古中盘为中盘，自来峰为上盘。上盘之松，中盘之石，下盘之水，千奇百怪，骇目惊心。"[①]中盘山峰揖让，怪石嶙峋，峰谷幽深静谧，分布着历史悠久的寺院，如北少林寺、古中盘（正法禅院）、千像寺，等等。乾隆《中盘》诗也直白地道出了中盘的幽邃之境："盘谷实有三，中盘为最幽。我曾坐松下，几度沿溪流。契理在寸心，旷观足千秋。长啸万壑空，仿佛晤田畴。"[②]松下领略中盘之幽，乾隆仿佛见到了古时隐居盘山的田畴。

北少林寺所在的区域，堪称中盘最为优越的地理位置，后靠群山，前瞰幽谷，视野又极为开阔。站在北少林寺旧址的平台上俯瞰前方，就会看到两侧矮小的山体向中间缓缓延伸，形成"环抱"式的对称状态，寺院恰恰处于山体"环抱"的中心点，远处的蓟州城一览无余，可谓"极目四野阔"。因此，人们经常把北少林寺和多宝佛塔看作盘山"中盘"的标志（图1.2）。清代僧人德意在诗中点出了北少林寺明显的"地标"特性："少林标寺额，将谓到登封。看取三盘路，知非五乳峰。苍烟凝紫盖，峭壁写红龙。回首长廊下，松风报晚钟。"[③]

在古人的图录体系中，也可以观察北少林寺的空间方位。以成书于民国三十三年（1944）的《重修蓟县志》为例，附有一张刻写不甚工细的《盘山图》[④]，标明了盘山寺院的位置，北少林

---

① （清）智朴《盘山志》卷一，中国书店，1997年，第56页。

② （清）乾隆《中盘》，引自《乾隆蓟州诗集》，吴景仁辑注，天津社会科学院出版社，2004年，第46页。此诗是乾隆题慎郡王允禧《田盘山色图》十六帧诗之一。

③ （清）德意《至少林寺》，收入智朴《盘山志》补遗卷三，中国书店，1997年，第431页。

④ 徐葆莹修、仇锡廷纂《重修蓟县志》，民国三十三年（1944）刊本。

图 1.2 从北少林寺俯瞰蓟州城　白俊峰摄

寺在这张图上位置居中，处于中盘岔路形成的三角地带。这条岔路今天依然存在，没有发生大的摆动，从该图可以直观感受到北少林寺得天独厚的区位（图1.3）。考虑古人"择址营建"的观念，此地确实是得山水之涵养。

因此，北少林寺绝佳的位置，可印证"卜居必林泉"[①]的古老观念。南朝宋谢灵运称：

古巢居穴处曰岩栖，栋宇居山曰山居，在林野曰丘园，在郊郭曰城傍，四者不同，可以理推……其居也，左湖右江，往渚还汀，面山背阜，东阻西倾。抱含吸吐，款跨纤萦。绵

---

① 见杜甫《寄题江外草堂》诗："嗜酒爱风竹，卜居必林泉"。

图 1.3　《重修蓟县志》载《盘山图》

盤山圖

图 1.4 远眺北少林寺新建筑及多宝佛塔 白俊峰摄

联邪亘，侧直齐平。[①]

　　古人图录体系中的北少林寺，也符合"负阴抱阳"的古老观念，与王原祁总结的山水画"画中龙脉"构图法不谋而合。在传统文化体系中，无论建筑还是绘画，都包含"天人合一"的思想观念（图1.4）。

　　如果把盘山看作一张画纸，起笔落墨肯定有形塑空间、架构画面的作用，北少林寺与中盘其他古老的寺院，或可以看作盘山寺院群落的"起笔"。这也意味着中盘寺院在"点缀山林"的时间上，比其他寺院要早。但是，中盘寺院的地理位置毕竟有所差

―――――――――――

　　① 见谢灵运《山居赋》。

别，比如千像寺，也是三面环山，前瞰幽谷，较之北少林寺开敞的视野，更具"深山藏古寺"的画境诗意。千像寺的地理位置能够带给人一种更加安全的"包裹感"，这可能就是乾隆将静寄山庄选在千像寺旁的因素之一。两厢比较，不得不承认古代建筑选址的奥义，实际上是一种依托自然环境、承载文化观念，并结合实际需求的心理选择（图 1.5）。

上述是北少林寺在盘山所处的地理位置，或者说是一种基于客观存在的形态，包含了建造者对空间、环境、建筑的理解。还有一个现象值得留意，盘山诸寺院的空间位置，会一定程度地影响"观看者"的心理，进而影响"观看者"对寺院的接受。经验感知中的北少林寺，与其在盘山所处的地位有时并不对称，甚至会形成反差。

大凡游人走进盘山，主要目的不外乎登临挂月峰这个盘山最高峰，一览盘山之美。而位于挂月峰附近的云罩寺，事实上具备了盘山寺院文化的象征意义："景物幽深，丛林高洁，仙客禅宗多会于此。每一登眺，赤县神州不复记忆置在何处，秽土浊劫邈焉隔绝，虽属阎浮，亦造物之所以别立清凉界也。"[1]云罩寺的位置实在太特殊了，是文人寄托性情的重要载体。乾隆年间，天津盐商查礼与朋友在此聆听梵音、赏月把酒。景与情的交融，使云罩寺具备了浓重的文化象征意涵。反观中盘寺院，既在空间上处于"中腰"，又在游山者的观看次序上属于"中间层"，或者说是视线的过渡，尽管它们身处涵养山水灵气的优越位置，但很难成为游客登山览胜的焦点。

"心理空间"实际上指涉了人们深入自然环境时，对北少林寺的直观接受。如果再进一步思考，将盘山看作巫鸿所谓的"胜迹"，还会得出一个基于"人文空间"的认识。巫鸿在谈到泰山

---

① （明）王道正《重修云罩寺碑记》，收入智朴《盘山志》卷三，中国书店，1997年，第149页。

图 1.5 北少林寺与周边山势示意图 白俊峰绘

　　　佛道之辩与人文塑造

时认为：

> 作为"胜迹"的泰山代表了一个特殊的"记忆现场"（memory site），它不是专为某人或因为某个特殊缘由而建，而是纪念着无数的历史人物和事件，传达了不同时代的声音。与那些在某一特定历史时刻建成的纪念碑不同，泰山是在时间的进程中获得自己的纪念碑性（monumentality）的。这个建构过程经过了很多世纪的苦心经营，并将继续绵延不息。也正是因为这样，它成了历史本体的一个绝佳象征。[1]

"胜迹"并不是一个新鲜的词语，孟浩然的"江山留胜迹，我辈复登临"，将胜迹定义为一种不断有人登临的人文场域。盘山当然也具备"胜迹"属性，"不是一种个人的表达，而是由无数层次的人类经验累积组成"[2]。"胜迹"实际上是一个"人文空间"的概念。北少林寺作为与盘山不可分割的"迹"，是盘山"人文空间"的重要构成。它在这个空间中的地位，取决于参与历史进程的广度和深度。在后面的讨论中，我们会发现寺院金元之交的频繁更名，使其获得丰富的"履历"，拥有了比盘山其他寺院更加生动的讲述性，这在一定程度上弥补了人们游山时对其有意无意的忽视。因此，我们不必担心北少林寺被遗忘，因为它的故事可以唤醒我们对这片山林的记忆。

在古代文人的游记和诗歌中，上述优势并非始终处于凸显的状态。通过分析此类文本的特征，就会发现明代乃至清代前期文人"观看"的重点，主要还是景观名胜，他们大多不会关注寺院

---

① 巫鸿《废墟的故事：中国美术和视觉文化中的"在场"与"缺席"》，肖铁译，上海人民出版社，2017年，第99—100页。

② 巫鸿《废墟的故事：中国美术和视觉文化中的"在场"与"缺席"》，肖铁译，上海人民出版社，2017年，第98页。

的历史以及蕴含其中的价值。随着清代金石考据之学的兴起，"观看"的重点发生了微妙转移，文人游山、访碑进而阐发思古幽情成为主流趣味，盘山寺院作为历史遗存的属性开始被不断发掘出来，最典型的就是智朴《盘山志》，对包括北少林寺在内的寺院历史进行了系统梳理。但是，古人留下的文字基本遵循了不同文体间的"区隔"，包括智朴在内的文人吟诵北少林寺和多宝佛塔的诗歌，也不会对其历史作过多揭示。这项任务交给了山志、舆地类的书写。

因此，考察北少林寺的空间形态，应留意"人类经验"的累积构成，事实上蕴含了观看和理解空间的三个视角：一是作为自然形态的空间位置，属于营造者视角；二是游人入山后，将自己置于空间中，并随着视线转移而感知到的建筑及环境，即游山者视角；三是需要调动知识储备和阅读经验，并与观看者的职业、身份、性情乃至彼时彼地的心境相关，即阅读者视角。简言之，北少林寺的空间形态既是一种真实存在，也属于主观接受的心理空间。这会为我们接下来的讨论提供帮助，在某些时候，我们要用他者的视角对其进行冷静审视，必要时则需要把自己看作山林的组成，自觉用我者的身份融入其中。

盘山的文化遗产

盘山是燕山山脉的一段，与华北平原相接，雄踞于燕山山脉与华北平原的分界点，地处京津冀所辖三角地带，位于天津市蓟州区城区西北，总面积约 106 平方千米，由盘山、小盘山及山前平原组成，主峰挂月峰海拔约 864 米。王士禛在为《盘山志》所作的序文中称："盘山突起蓟门，无所附丽，单椒蔓壑，自擅雄尊。海内言名山者，五岳之外，若黄山、匡庐、天台、雁宕、武夷、罗浮、峨嵋、青城之属，率离立傲睨，莫肯相下。"①

盘山所在的蓟州区是天津历史文化积淀最为深厚的区域。天津市文化遗产保护中心对蓟州杏花山朝阳洞遗址的考古发掘，将该地区人类活动史延伸到了 10 万年前左右，该地区具有丰厚的历史文化积淀。② 陈雍认为："包括盘山在内的蓟州北部山区，自然遗产与文化遗产数量多、种类全、体量大，在国内具有独特性和唯一性。"③ 其中，自然遗产包括蓟州国家地质公园、九山顶国家自然保护区、八仙山国家森林公园、盘山国家风景名胜区等。人文遗产在物质存在形式上又可分实体与文本两类。实体遗产大致有四类：旧石器遗址群、佛教遗存、清代皇家园林和陵寝、抗战遗存。实体遗产可归入不可移动文物范畴，与盘山的自然空间与自然遗产存在不可分割的联系，它们深度嵌入山林，带有明确的象征性，指涉了盘山曾经发生的故事和厚重的人文积淀，已经与山林融为一体、不可分割，形成一个自然与人文交织融合的

---

① （清）王士禛《盘山志序》，收入智朴《盘山志》，中国书店，1997 年，第 6 页。

② 盛立双、王春雪、李斌《天津蓟州朝阳洞发现旧石器遗址：系天津首次发现的有明确原生层位的旧石器时代洞穴遗址》，《中国文物报》2020 年 3 月 20 日第 8 版。此次考古发掘于 2019 年 7—9 月开展，出土包括旧石器时代石制品在内的各时期文物两百余件，取得重要发现。

③ 见陈雍为《盘山摩崖题刻调查报告》所作《序》，科学出版社，2022 年，序文第 3 页。

艺术生态体系。文本遗产包括与盘山历史文化相关的史志、诗文、书画、图版等，既与盘山的空间实体紧密相连，又具有相对的独立性。所谓"诗以山名"或"山以诗名"，文学的、艺术的文本让山林获得了更广泛、更便捷的接受和文本意义的"活化"。

盘山的人文遗产是不同时代的人对这座山林"层累塑造"的结果，"与自然遗产融为一体，彰显出人类与自然、过去与现在之间的和谐，具有潜在的世界文化与自然双遗产价值，亟待加强科学研究与保护管理"①。

盘山是佛教名山，清人陈廷敬有诗云："我闻盘山七十二佛寺，寺寺落花流水中。"②智朴《盘山志》凡例称："三教人文，各有所寄。此山自魏、唐、辽、金、元、明以逮本朝，悉属僧居，故人物惟僧居多。"③盘山历史上的梵宇佛刹，构成该地区最具特色的人文景观，是盘山人文遗产的重要组成部分，主要包括寺院遗址、塔幢、碑刻、题刻、造像等，突出体现了该地区悠久的历史文化，具有鲜明的"纪念碑性"④。

本书在对北少林寺历史的讨论中，使用的材料正是上述实体遗产与文本遗产，比如多宝佛塔及其出土文物、历史文献、碑刻铭记、绘画图录、诗赋游记等。

---

① 见陈雍为《盘山摩崖题刻调查报告》所作《序》，科学出版社，2022年，序文第4页。

② （清）陈廷敬《入盘山，至中盘寺望绝顶，诸奇胜。顾念归路，不得遍游，为诗写怀》，收入智朴《盘山志》卷八，中国书店，1997年，第280页。

③ （清）智朴《盘山志》之《山志凡例》，中国书店，1997年，第35页。

④ "纪念碑性"是学者研究中国古代艺术史中礼器的社会功能、宗教政治功能时采用的重要概念。巫鸿认为，中国艺术和建筑有三个主要传统：宗庙和礼器、都城和宫殿、墓葬和随葬品，三者所具有的重要宗教和政治内涵里有一个核心精神，即"纪念碑性"。见巫鸿《中国古代艺术与建筑中的"纪念碑性"》，李清泉、郑岩等译，上海人民出版社，2017年。

二、消失的建筑

今天，我们已经看不到北少林寺原来的样子了，旧址上新起的建筑将历史痕迹掩盖。寺院旧址旁伫立着明末清初建造的多宝佛塔，是其唯一的地上遗物。

历史上，北少林寺多次重修，建筑规模和形制已难详考。清代生成的盘山视觉系统中，倒是有北少林寺的图像，但这些图像具有很浓的写意味道，不能作为建筑学意义上的"测绘图"使用。《钦定盘山志》收入的北少林寺图，很能说明这个问题（图2.1）。[①]从该图可以直观了解寺院和多宝佛塔的位置，空间逻辑是符合实际的，但寺院只是传统山水图版的"点景"，从图中分辨不出具体建筑样式，更无法据此探讨其形制和体量。这种情况在艺术史中极为常见，提醒我们要时刻小心图像证史的"陷阱"。

话说回来，《钦定盘山志》中的北少林寺图也并非臆造。乾隆为编纂《钦定盘山志》，专门命蒋溥、汪由敦、董邦达入山游访。众人归来后，乾隆写诗示之："亲切名山全体图，旧乘检校正乖诬。

---

① 此图在《钦定盘山志》中分成两页，为方便讨论，对其进行了拼合。

图 2.1 《钦定盘山志》载北少林寺图

名贤胜迹思传志,其不传能志取无。"①作为皇帝主导的文化工程,其初衷就是为了匡正智朴《盘山志》讹误,虽然实际成果不过尔尔,但山志编纂的态度还是非常严肃的。董邦达作为《钦定盘山志》图版底稿的绘制者,不可能乱来。因此,将此图与历史文献、民国的实物照片对读,可以挖掘出许多有意义的话题。

北少林寺在金元之交时院内有古佛舍利塔,《辨伪录》称"高

①　(清)乾隆《命蒋溥、汪由敦、董邦达修盘山新志,即令入山游访,即毕事,诗以示之》,引自《乾隆蓟州诗集》,吴景仁辑注,天津社会科学院出版社,2004年,第180页。

二百尺"，还有影堂、正殿、三门、云堂等，后被道士损毁。[①]

明代宝峰禅师对北少林寺进行过重修。据记载，彼时寺院东有观音堂、西为明月堂、中为方丈、左右为僧舍，院落外还有竹坞蔬圃。文献没有提大殿，依据古代寺院建筑的形制，大殿应该居北，与山门形成一条中轴线，方位上则是坐北朝南。这是古代寺院建筑常用的布局方式，即围绕一条中轴线展开，形成纵轴式空间。综合看，寺院是一个完整的建筑群落，由塔院、寺院、多宝佛塔三组建筑构成。塔院存放金元以来的碑刻铭记[②]；寺院由山门、正殿、观音堂、明月堂以及生活区、休憩区构成；多宝佛塔建于明末清初，耸立在寺旁的龙首岩上。明代之后，这个格局保持稳定，乾隆时期对北少林寺的重修主要是大殿，皇帝赐"禅指直趣"额，成为游人进入中盘的指示路标。彼时，寺院还安置了乾隆巡幸时的"座落"[③]，但体量应该不大。这些建筑和旁边的红龙池等名胜，构成一个相对完整的空间单元。[④]

回头观察《钦定盘山志》的北少林寺图，便会清晰发现，寺院作为景观单元的要素，在图中是完整存在的。比如，寺院下方的道路延山体分叉，两条小路蜿蜒而上，直通寺院。第一条路位于塔院左侧，塔院有门，可直入。另一条路在寺院下方的山体上继续延伸至寺院右方，画中虽然没有交代最终路径，但应该可以绕到寺院内部，这条路如今也没有发生大的摆动，倒是前一条路已经不存。在一个相对高敞平坦的空间内，首先是外围院墙围合而成的院落，即周肇祥《盘游日记》记载的塔院，依山石走势呈

---

① （元）祥迈《辨伪录》卷三。《辨伪录》又称《至元辨伪录》《大元至元辨伪录》，本书参考版本为北京图书馆出版社 2002 年"中华再造善本"之影印本，据国家图书馆藏元刻本影印。

② 北少林寺的塔院，最早见于民国周肇祥《盘游日记》，实际上就是山门外的院落，并非特指"有佛塔之院"，院内应该是僧人墓塔，俗称"和尚塔"。

③ 关于盘山诸寺为乾隆提供"座落"的问题，将在本书第十一节详述，此不赘。

④ 关于明清北少林寺的记载，详见后面各节所述。为方便讨论，此处不再摘引文献。

不规则形状，可以将其看作进入寺院的缓冲地带。塔院之后是寺院主体。山门刻画较为细致，与后面的大殿形成一个逐渐抬高的中轴。山门左边还有侧门，右侧因为透视原因看不到。大殿作为建筑主体，拾级而上，具备了高敞的象征性意涵，大殿左右应该有配殿，可能就是明代文献记载中的观音堂和明月堂。院内左右两侧分布两个建筑组团，左侧建筑围合成一个相对规整的"四合院"，右侧三组建筑朝向不完全一致。这两个组团应该是僧人的生活区和供游人休憩留宿的空间。

总的看，寺院规模适中，既无大庙的宏阔，也没有小庙的逼仄。多宝佛塔旁还画有一间卷篷顶亭子，面向山谷，可供僧众绕塔修行时暂憩或游客歇脚。清代文献可证亭子的存在，直隶总督方观承在关于申请拨付云罩寺舍利塔和北少林寺殿檐修葺银两的奏折中，提到北少林寺"前后大殿六间"和多宝佛塔前"圆亭一座亦应带修"[1]，但亭子今已不存。至于"大殿六间"，目前还不能完全落到《钦定盘山志》的图像中。

20世纪早期拍摄的一幅北少林寺鸟瞰图（图2.2），可部分佐证上述文献和图绘内容。蒋维乔[2]大约在1919年与友人游盘山，拍摄了一批盘山寺院和名胜照片。这些照片后交予商务印书馆，收入该馆"中国名胜"丛书第十五种，以《盘山二集》之名刊印，这也是今人沿称的盘山曾被列为中国十五大名胜的来源，事实上

---

① 《直隶总督方观承奏为修葺盘山云罩寺舍利塔及少林寺殿檐请拨银事》，乾隆二十三年五月二十一日，中国第一历史档案馆藏清宫廷档案：朱批奏折，档号：04-01-37-0016-026。引文见周璐《清代盘山佛教研究》，南开大学2016年博士论文。

② 蒋维乔，江苏武进人，字竹庄，别号因是子，近代教育家、哲学家。曾在商务印书馆编辑所编辑小学教科书，主持该馆开办的师范讲习所、商业补习学校等。辛亥革命后任南京临时政府教育部秘书长，旋赴北京任该部参事，协助蔡元培进行教育改革。1913年辞职南归，后任教育部参事、编审员，江苏教育厅长以及东南大学校长、光华大学教授，创办上海诚明文学院。著有《学校管理法》《中国佛教史》《中国近三百年哲学史》等。

图 2.2 《盘山二集》载北少林寺摄影照片

只是早期商务印书馆丛书之名，不宜附会。[①]《盘山二集》成书时，距乾隆敕修《钦定盘山志》已过去两百多年。拍摄者应该站在寺院右侧的山坡俯瞰寺院，与《钦定盘山志》所绘视角正好相反。图中依稀可见典型的纵轴布局，前有院墙围合的塔院，院墙已见颓败之态，下面有小路。随后是山门，属于典型的"三门并立"，中间大门、两边小门，象征三解脱门，即空门、无相门、无作门。山门之后是大殿，大殿两侧有偏殿，与《钦定盘山志》的图示基本吻合。中轴线右侧有三座建筑，建筑数量和朝向也能与《钦定盘山志》互证。院内写入智朴《盘山志》的茂盛古柏挡住了镜头，无法辨认左侧建筑。大体上，此图与《钦定盘山志》相符，可知寺院格局至民国时没有发生大的变动。

　　周肇祥等人 1931 年游盘山时，也曾拍摄过两张北少林寺的照片。一张是站在寺院高台下的仰望视角，可见斑驳但依然规整的院墙（图 2.3）；一张是寺院门前三松，由于是近景，不见具体建筑（图 2.4）。[②] 转年，陈兴亚游盘山时也曾留下一张北少林寺

---

① 笔者见到的"中国名胜"丛书第十五种之《盘山二集》，是 1922 年上海商务印书馆的再版。书中北少林寺图像较为清晰，但说明文有误。

② 周肇祥《盘游日记》，《艺林月刊·游山专号》第二卷《盘山》专号，第 15、16 页，天津市文化遗产保护中心藏本。

北少林寺及多寶佛塔

道旁一巖斜立龜背書真言有天慶八載字遼僧慕囀也里許本寺塔院達座方鄰石蓋五層明千象寺第一代明公塔成化十年立師
名行明善醫目疾盤山眼藥因以得名遼斷垣入行宮乾隆九年建據中盤之東籠周圍十餘里靜寄山莊太右雲嵐層岩飛翠清虛玉
宇鏡閱常照乘音松吹四面芙蓉貞觀退踪爲內八景而半天
樓地上居農樂軒雨花室冷然照御製盤山
志更合內外新附爲三十八景五年前某軍籌側競售官產盤
山行宮全部遂以數千金賣却於是折礎撤木啃聚千人聲振歷
岩谷利欲之爭傷害二命而昔日糜無數金錢成此傑構爲歷
史上美術上佔重大之價值者逐淪壞刼而不可復地亦賣盡
翠爲山田今惟西宮一碑上刻御書清源盤山考韓愈送李愿
成潭觸石紛披跳珠曳玉乾隆題千尺雪三字勒崖上舊築室
面澗可以臥聽可以瀊觀今無寸橡然行人至此莫不流連忘
去下盤之水其勝在此出宮墻從盤道上行渡石橋歷重阪重
游北少林過塔院見開山荣公提點塔元至元二十六年任持
威公禪師塔荣公名淨榮德州張氏子精勤好道利生爲懷住
法與寺諸寺請爲提點遠近歸依威公名雲威太谷人俗姓侯
氏得法少林大宗師出世法與政院使脫公泰改法與爲北
少林遂居開山祖席旁有全公山主塔亦金元古德惜無文字
可考入寺適主僧赶集去應門者朴拙如野鹿詢以華嚴洞大
松棚諸勝瞪目不能對因補游多寶佛塔攄寺之東閩元尹
爲道流所壞清順治初重修尚完好頂有鎏石寶瓶映日光耀

北　少　林　寺　及　多　寶　佛　塔

中盤之表也
紅龍池在塔
上礨行龍之
水草叢生石
卜泉源所出

池三字大定
七年八月二
十日帶川隸
書法古拙象
有篆勢旁有
明正德十年
盧雍與于覺
甫同登上盤
記回寺小憩
院下憩池上
讀安煉魔期
三載碑金臺
大與永福寺
沙門聞玉撰
云延公壽室
和尚究十二

图 2.3　《盘游日记》载北少林寺及多宝佛塔摄影照片

部之玄文度三千界之含識外包六經爲羽翼內精三藏爲肺腸糾牽兼信結制煉魔三載澆薄者眉以和風焦枯者沃以膏雨四生咸出迷津六道同登覺岸文顏精悍有法紀年已渺而孫星衍京畿金石考列於元代或曾見未渺之本耶出門西上二里者中盤沿途看

北少林寺門前三松

朝霞夕靄作供養者昔年山水暴發殿宇冲圯而慧因重建佛堂三間僧寮數椽

北少林來脈自紫蓋峯吐秀而出夾護深密前當谷口爽塏明秀若得有大願力者起而新之泅河朔之貢林哉中盤與慧因比連唐高僧寶積於茲宴坐所謂合

僅堪棲止殿基有康熙十四年創建正法禪寺碑備載大博禪師開堂宏法事慧因開山爲臨濟三十六世右聖際軸以時代考之當在明末清初今塔尙存其他古塔多被水冲倒題碣蕩失中間一塔高壯形製甚古塔內塗砵不知何代祖師也石上多題名盤山石質疏脆百年外卽已剝落不可捫讀寺中有康熙詩剝詩不佳而字大如斗有初唐意住持韜亮本山人方鳩工伐樹云自船來染料之行

橡棚價賤羼入不足一飽不如賣作柴薪猶可救目前之急余宛言勸懇諒亦無效歸途遇採藥者以玉竹爲贈當攜種壽安出百錢謝之出谷沿南麓而西邃見仙人石石上有白文如二人相對狀黑塔尙出山間而志間高風久絶先師臺亦圯廢入天香寺原名天香殿亦唐利乾隆初重建於舊基西北二里許地勢高曠林木茂美後殿一松嶙陰如盆附設蘄縣三區小學校學生二十餘人見客有禮主校者蔣君從周云縣官提寶寺建學佛敎會出而自辦乃止敎育局歲給一百四十番不足則四村分任古刹賴以保存可慰申初回抵天成翼雲重游萬松立之沉叔冕之未返盤游遙止於此昔人論盤山之勝上盤松中盤石下盤水今上盤無松下盤之水只行宮附近可觀條徑細流未足稱勝石得松中潤松得石而奇天成萬松間乃全盤幽邃之處今爲之計首須嚴禁伐木土多則樹果石密則補松有僧之刹加以護持無僧之刹求賢繼起其夷爲平地雜於規復則當立石標題以誌右跡廌千年勝地不至就荒後之來游有所考證至於保護水源培養地脈與雲致雨潤澤一方所關於國計民生至深且切河北官吏紳民應有責也沉叔冕之以題名勸

图 2.4　《盘游日记》载北少林寺门前三松摄影照片

二、消失的建筑　　027

懸空石，淡煙微籠，日光反映。天于兩崖對峙，若雙手拱拇狀。石則隨鼠光瀲灔，似點頭然，均露途客又不欲客去之意。衆亦戀戀不忍遽別，乃安步而行。未幾轉過山頭，則見一塔高矗，石壁上題「紅龍池」三字，鍋紅龍一尾，張牙舞爪，吸水於池。下有方池，池呼綠草如茵，松陰匝地，流水潺潺，出於石隙。紅塵不到，令人流連不忍去。少憩上山登塔，塔有額曰「多寶」，創始年代無可攷，至明太滿初，僧官仁鳳重修。以其塔白，俗稚曰「鹻粉塔」。且傳係一女子醵修，工甫

少林寺及多寶塔

图 2.5 《游盘山记》载北少林寺及多宝佛塔摄影照片

照片，收入其《游盘山记》，与蒋维乔的视角大致相似，但笔者所见版本刊印质量欠佳，不甚清晰（图2.5）。[①] 这些照片弥足珍贵，也有助于了解北少林寺的建筑布局。

　　明代的文献、清代的图版、民国的照片，三者构成了关于北少林寺建筑的视觉体系（文字可算作这个体系的辅助），尽管清代众多盘山题材绘画中也有北少林寺形象，但都无法和上述相提

---

① 陈兴亚《游盘山记》，撷华印书局，1932年印本。陈兴亚，字介卿，辽宁海城人，民国奉系将领，好游山，在盘山留有题刻。

并论。遗憾的是，由于新建筑对历史遗存的覆盖和干扰，已经无法通过考古手段进一步了解北少林寺的建筑形制和规模。文献记载难言翔实，图像资料也具有局限性：《钦定盘山志》的图像不能完全落到具体建筑上；民国的照片因为晚出，将其置于明代之前的语境亦不可取。

总之，作为公共建筑，北少林寺具备古代北方寺院建筑的基本要素，在没有完全消失前肯定包裹了不同历史时期的信息，其动态演变的过程构成了寺院的发展史（图 2.6）。

图 2.6 北少林寺清代建筑示意图 白俊峰绘

盘山古代寺院建筑

中国古代寺院建筑经历了一个漫长的发展演变过程，最终定型为一种带有浓重象征性的建筑模式。"寺"本为从事某项职能的官署通称，比如太常寺、太仆寺、鸿胪寺等。白化文在《寺院与僧人》中写道，佛教传入中国之后，"从一开始，大概就没有想过给佛寺另搞与众不同的专用性设计，如西方基督教的大教堂那样的专门性建筑，那是很难移作他用，特别是绝不能变为民宅的。中国人建寺，走的则是把民宅改造为寺院之路。"随着佛教的本土化发展，"以宅为寺"又逐渐演变为从"塔"这种外来的建筑形式打主意，于是，改宅为寺，必在寺前造塔，或在宽大的原宅院中心造塔，形成以塔为中心、殿为附属的成组宗教性建筑群。禅宗兴起后，中国佛教建筑的形制进一步完善，形成"伽蓝七堂"制，这是佛寺普及化、专业化的标志。一般认为，"伽蓝七堂"包括山门、佛殿、讲堂、方丈、食堂、浴室、东司（厕所）。当然，"伽蓝七堂"的形制还要依寺院具体情况而定，并非一成不变。[①]

古代寺院建筑基本遵循了南北中轴线的布局，主要建筑在中轴线上，附属建筑则在东西两侧。由南向北，大致是山门、天王殿、大雄宝殿、法堂、藏经阁，均坐北朝南。东西配殿则有伽蓝殿、祖师堂、观音殿、药师殿等。寺院还分生活区和供游客休憩的"旅舍区"。生活区主要包括僧房、厨房、斋堂、库房、茶堂等，一般位于中轴线左侧；"旅舍区"包括禅堂等，主要供游客留宿之用，一般位于中轴线右侧。不同佛寺的建筑则依规模、功能等有所区分，但大体不脱上述形制。[②]

[①] 参见白化文著、周绍良审定《寺院与僧人》，大象出版社，1997年，第36—39页。
[②] 参见白化文著、周绍良审定《寺院与僧人》，大象出版社，1997年，第39页。

盘山现存古代寺院建筑并不多见，通过考古与文献梳理，大致可以了解其基本情况。举例如下：

辽代李仲宣《盘山千像祐唐寺创建讲堂碑铭》载千像寺重修："应历十二年，化求财赆，盖佛殿一座……塑佛中央，图像四壁。保宁四年，又建厨库、僧堂二座，俾齉饎之有所作也，宾旅之有所归也。"①2003 年，天津市文化遗产保护中心对千像寺遗址进行了考古清理和发掘，基本摸清了千像寺中轴线上原正殿、前殿及东、西配殿遗迹周围约 2000 平方米范围内的平面布局，以及始建和重建过程。千像寺遗址明、清时期的建筑布局，带有一定典型性，对了解北少林寺建筑格局也具有参考意义。两者都是中轴线对称，千像寺的建筑规模应该比北少林寺小一些。②

明代金纯《龙泉寺修造碑记》载龙泉寺重修："落成后，规模甚廓，有门，有垣，有坛场，有殿宇，有钟鼓悬室，有讲堂禅庭，左右列僧舍若干间。"③左右列僧舍，与明代文献记载中的北少林寺形制完全一样。

明代萧九峰《重修灵岩寺碑记》载灵岩寺重修后建筑："中修大雄殿以事佛，左右建堂以事伽蓝、祖师，天王殿峙于前，观音庵拱于后，其他山门、甬路、钟楼、库室，凡法所宜有者，无不具备。"④此碑今存，原位于河北省三河市段甲岭镇十百户村北滴水灵岩寺（俗称皇叔院）砖塔前，碑座已无。2005 年 1 月采集列入三河市博物馆馆藏，现立于三河市文化中心广场。⑤从

---

① 天津市蓟县盘山志编修委员会《盘山志》，天津社会科学院出版社，2005 年，第 114 页。（本书所引为 2017 年 8 月的重印本，谨作说明。）

② 梁宝玲、梅鹏云执笔《蓟县千像寺遗址的清理与发掘》，收入《天津考古（一）》，天津市文化遗产保护中心编著，科学出版社，2013 年，第 225—281 页。

③ （明）金纯《龙泉寺修造碑记》，收入智朴《盘山志》卷三，中国书店，1997 年，第 166 页。

④ （明）萧九峰《重修灵岩寺碑记》，收入智朴《盘山志》卷三，中国书店，1997 年，第 159 页。

⑤ 见三河市博物馆官方网站载。

碑文可知，明代盘山寺院的建筑格局已经相当稳定，所谓"凡法有所宜者，无不具备"，可见其形制非常完备。

清代魏裔介《古中盘正法寺修建塔院碑记》载正法禅院："遂感动诸善信等捐资建大雄殿、禅堂、方丈茶房、库室、僧寮、塔院，庄严宏丽。"① 这则史料因为晚出，对解读北少林寺的图像资料更具参考意义。正法禅院即古中盘寺，与北少林寺毗邻，同为盘山中盘寺院。将其与北少林寺的图像资料互读，不外乎塔院、山门、正殿、配殿、僧寮等建筑。

清道光二年（1822），阿克当阿在《呈盘山云净寺等殿宇面宽柱高丈寸数目清单》中记载了盘山云净寺建筑的规格：宫门楼五间，明间面宽一丈一尺七寸，两次间面宽各一丈六寸，两稍间面宽各一丈，进深一丈五尺四寸。前后廊深各三尺八寸，檐柱十二根，通高一丈五尺四寸、圆径一尺；金柱十二根，通高一丈六尺六寸、圆径九寸；排山柱二根，通高二丈二尺六寸、圆径一尺；柁高一尺、宽八寸五分。大殿五间，面宽俱一丈一尺，进深一丈七尺八寸。前后廊深各四尺四寸，檐柱十二根，高一丈一尺三寸、圆径一尺二寸；金柱十二根，高一丈二尺九寸、圆径一尺二寸；柁高一尺、宽一尺……② 这则史料对于考察清代盘山寺院建筑具有重要价值。

大凡学养高深的僧人住持的寺院，其建筑和命名都会烙印上僧人的个人色彩，凸显了僧人的趣味。青沟禅院为清代盘山高僧智朴创建，后康熙赐名盘谷寺。寺院位于静寄山庄西北，前有石门、清凉石、漱玉泉、秩秩泉、松坞。后有杏花阪、龙首岩。中

---

① 天津市蓟县盘山志编修委员会《盘山志》，天津社会科学院出版社，2005年，第112页。

② 《阿克当阿呈盘山云净寺等殿宇面宽柱高丈寸数目清单》，道光二年闰三月初三日，中国第一历史档案馆藏清宫廷档案：单，档号：03-3623-026。引文见张蕾《"早知有盘山，何必下江南"——乾隆帝与盘山的不解之缘》，《中国档案报》2018年10月19日第4版。

有秋月堂，沈荃书；巢云轩，王泽弘书；选佛堂，虞世璎书；方丈室由朱彝尊题"金汤龙象"；童真殿由孙岳颁书；尚有"一花现瑞"匾，施应麟篆。各建筑的命名摆脱了寺院的固有称谓，题书者皆一时名流，颇显风雅。[①]

---

① （清）智朴《盘山志》卷四，中国书店，1997年，第175页。

三、始建年代

　　大致了解北少林寺的空间环境和历史上的建筑构成后，我们回到线性叙事。首先要解决的问题是，寺院始建于何时，但实事求是地讲，笔者目前还找不到确切答案。

　　一般认为，北少林寺始建于魏晋，且经常被称作天津地区最早的寺院，此说明显有误。盘山作为佛教名山，寺院建设历史悠久，史载最早的寺院实为香林寺。明代冯有经《重修香林寺大悲菩萨殿碑记》称香林寺"亦创自汉，缮于唐、宋。迨于我明正统之间，尝为葺焉"①。因此，即便北少林寺始建于魏晋，也非文献所载天津地区最早的寺院。当然，讨论这个问题需要设定前提，即论据为文献而非实证。②

---

① （明）冯有经《重修香林寺大悲菩萨殿碑记》，收入智朴《盘山志》卷三，中国书店，1997年，第163页。清代《日下旧闻考》《蓟州志》等引冯有经碑记时，文字多不同，笔者认为智朴所载更可靠。

② 基于对文献的不同理解，也有学者认为关于香林寺的历史记载并不可靠，因此将北少林寺列为盘山最早的寺院，其理由是，北少林寺始建年代与佛教魏晋时期传入盘山的时间基本吻合。但是，我们如何确认佛教传入盘山的时间？在没有可靠实证前，还无法得出确切结论。

关于北少林寺始建年代，文献有三种不同认识：

第一种是付之阙如，避而不谈。智朴《盘山志》对北少林寺记载甚详，但并未提及始建年代。清道光十一年（1831）沈锐《蓟州志》、民国《重修蓟县志》沿用智朴记载，不涉年代。现存最早的《蓟州志》为明嘉靖三年（1524）熊相编纂，则根本不提北少林寺。

第二种为"不可考"。清康熙四十三年（1704）张朝琮《蓟州志》称："北少林寺旧名法兴寺，不知何时建。"[1] 比智朴《盘山志》晚出的乾隆《钦定盘山志》则认为："嵩之少林为禅宗祖庭，故名特著。其在盘山者，创造岁月不可考。"[2] 显然，《钦定盘山志》延续了张朝琮《蓟州志》的说法，但把北少林寺列为嵩山少林寺"在盘山者"，代表了乾隆时期官方的态度，又是错误的表述，笔者将在后面的讨论中谈及这个问题。简言之，盘山北少林寺并非嵩山少林寺下院。

第三种观点，则是流行的魏晋始建说。目前可见最早持此观点的文献为《方舆汇编》：

> 传是晋魏间所建，旧名法兴寺，元时重修。有《沙门圆玉碑记》。又有《法兴寺提点荣公塔铭》，沙门圆莹撰。又《少林寺住持威公塔铭》，沙门圆让撰。[3]

该条引自智朴《盘山志》，但按前述，后者并无此说。至于陈梦雷之说的可能来源，详见本节《北少林寺"魏晋始建说"再

---

① （清）张朝琮《蓟州志》卷二，清康熙四十三年（1704）刻本。

② （清）蒋溥等《钦定盘山志》卷二，清乾隆二十年（1755）刻本。

③ （清）陈梦雷《方舆汇编·职方典》之"顺天府部"。

考》一文。①

此后，《日下旧闻考》《光绪顺天府志》等均沿用北少林寺晋魏始建的观点。《日下旧闻考》和《光绪顺天府志》所录文字与《方舆汇编》几无差异，并注明引自智朴《盘山志》，显然是沿袭了《方舆汇编》的错误。②今官方志书也顺理成章地接纳此论，通行的说法是将"晋魏"改称为"魏晋"，天津市蓟县盘山志编修委员会编著的《盘山志》直接写为"魏晋年间始建"③。有学者为慎重起见，写为"相传始建于西晋至北魏时期"④，以扣"晋魏"的时间范围。

饶有意味的是，有清一代，官方对北少林寺始建年代的认识发生过很大变化，"四库"本《畿辅通志》卷五十一"寺观"中收入的盘山北少林寺，写为"元至元时建"⑤，是对金元之交北少林寺历史的误解，在清代并没有成为主流说法。待到光绪《畿辅通志》，则老调重弹，直接抄录《日下旧闻考》的记载，实际上还是延续了《方舆汇编》的说法。⑥这说明清代以来对北少林

---

① 今人引陈梦雷此言时，误以为出于智朴《盘山志》，是没有对读史料的误解。比如，2014年10月26日《渤海早报》刊《天津佛教史上五名僧》一文："据史料记载，早在魏晋之际，佛教便已在天津地区传播，并在蓟县盘山修建了法兴寺。天津地区最早的佛教寺院，当属蓟县盘山的法兴寺，俗称少林寺。据《盘山志》记载：'少林寺传是魏晋间所建，旧名法兴寺，元时重修。有《沙门圆玉碑记》。又有《法兴寺提点荣公塔铭》，沙门圆莹撰。又《少林寺住持威公塔铭》，沙门圆让撰。'"此说明显有误，《盘山志》根本没有这段话。

② （清）于敏中等奉敕撰：《钦定日下旧闻考》卷一百十五《京畿·蓟州二》；又见（清）缪荃孙《光绪顺天府志》之《地理志七》"寺观"。

③ 天津市蓟县盘山志编修委员会《盘山志》，天津社会科学院出版社，2005年，第110页。

④ 周璐《蒙元时期佛道之争新探——以盘山北少林寺为中心的考察》，《科学·经济·社会》2015年第4期。

⑤ 四库本《畿辅通志》修于清雍正年间，初由直隶总督唐执玉奉命延聘田易等人开始纂辑，后由直隶总督刘于义、李卫相继监修，聘翰林院侍读学士陈仪继续修纂，共一百二十卷。

⑥ （清）李鸿章总裁、张树声总修、黄彭年监修《畿辅通志》卷一百七十九《古迹二十六·寺观二·蓟州》。

寺的始建年代并没有形成共识。

综上，清代官修《蓟州志》和智朴《盘山志》、乾隆《钦定盘山志》对北少林寺始建年代均持审慎态度。尤其是智朴撰《盘山志》时阅读了大量盘山尚存的碑碣，寓目甚广、用力颇勤，如果有确切记载，肯定会写入《盘山志》。魏晋始建的观点，严格讲在清代应称为"晋魏始建说"，较智朴《盘山志》和康熙时期的《蓟州志》晚出。作为此说源头的《方舆汇编》，多有审校不精的讹误，可信度不高，但今人常有引用。

以上是对文献的梳理，尽管难以给出定论，但至少可以厘清不同说法的来源。其实，还可以换一个思路讨论北少林寺的始建年代，我们将回到前两节的"空间视角"，通过观察寺院与周边遗存的关系，来获得更多启发。

目前盘山仅存金代石刻两处，均在北少林寺遗址旁。一处位于多宝佛塔下、红龙池北石壁上，为带川所题隶书"红龙池"三字，落款"大定七年八月廿日"，即公元 1167 年（图 3.1）。另一处位于北少林寺东南约 200 米，为带川所题篆书"盘山古迹"四字（图 3.2）。[1] 这说明，金代北少林寺区域已存有古迹，带川所指应该是北少林寺前身法兴寺及周边的红龙池等名胜。智朴《盘山志》收入圆新和尚小传："大定壬午，住盘山报国寺。次住天成，次住法兴。"[2] 大定壬午为金大定二年，即公元 1162 年，可与带川题刻互参。因此，北少林寺可考年代的下限可确定为十二世纪。

今千像寺的《盘山千像祐唐寺创建讲堂碑》（图 3.3）立于辽统和五年（987），称"此境旧有五寺。祐唐者，乃备其一"[3]。

---

① 天津市文化遗产保护中心编著、杨新主编《盘山摩崖题刻调查报告》，科学出版社，2022 年，第 24—25 页。

② （清）智朴《盘山志》卷二，中国书店，1997 年，第 97 页。

③ 天津市蓟县盘山志编修委员会《盘山志》，天津社会科学院出版社，2005 年，第 114 页。

图 3.1 北少林寺旁 "红龙池" 石刻 杨新摄

　佛道之辩与人文塑造

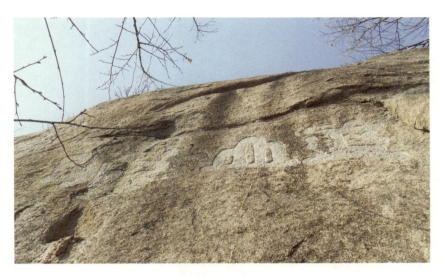

图 3.2 北少林寺旁"盘山古迹"石刻 杨新摄

据此，千像寺周边区域在辽代之前已分布五座古刹，堪称盘山寺院最早的聚落。[①] 笔者以千像寺为中心，考察了周边寺院的分布情况和始建年代，推测五寺是千像寺、感化寺、天香寺、古中盘（正法禅院）、北少林寺。民国三十三年（1944）《重修蓟县志》清晰地标明了这些寺院与逊清行宫（静寄山庄）的位置关系：千像寺"在逊清行宫之东北隅"，感化寺在"逊清行宫正西一里"，天香寺在"逊清行宫西北五里"，古中盘（正法禅院）在"逊清行宫西北十里"，北少林寺在"逊清行宫西北六里"。[②] 其中，千像寺、感化寺、天香寺距静寄山庄最近，组成一个以静寄山庄为核心的遗迹集中分布区。[③] 古中盘（正法禅院）与北少林寺相邻，

① 这里涉及对"此境"的解读，笔者认为，不宜将其解读为盘山全境，而是千像寺周边区域。

② 徐葆莹修、仇锡廷纂《重修蓟县志》卷一"地理"之《盘胜》，民国三十三年（1944）刊本。

③ 静寄山庄选址千像寺旁，应该也考虑了周边存在一批历史悠久的寺院这个因素。

图 3.3 《盘山千像祐唐寺创建讲堂碑》 刘健提供

从北少林寺右侧山道径直向上，即为古中盘（正法禅院）所在区域，环境幽深静谧，相传为唐代高僧宝积禅师住静处。这两座寺院地处中盘最核心的位置，虽然距其他三座寺院有一定距离，但山道相连，并不遥远，处于同一组山峰的不同侧面，亦即盘山东麓，组合成一个在形态上相对独立和完整的聚落。

　　这个聚落里的五座寺院关联密切，延山势蜿蜒伸展，占据了盘山东麓最好的空间。联系上节"点缀山林"的讨论，其始建年代应该比较集中且偏早。因此，北少林寺始建年代具备往十二世纪前追溯的理由。文献记载也可佐证笔者的推测，千像寺、感化寺、天香寺、古中盘（正法禅院）都有始建于唐代的说法。再考虑北少林寺始建于魏晋的记载并不可靠，笔者认为其始建年代也是唐，如果宽泛一点，应该在唐辽之间。[1]当然，这是基于时间和空间两个维度的文献排比与逻辑推演，不是非此即彼的排他性断定。笔者的讨论是开放的，乐见商榷。

北少林寺始建年代问题，关涉佛教传入盘山的时间，如果魏晋始建说不可靠，香林寺始建于汉代的记载也难以确认，是否会影响对盘山寺院历史的认知？这实际上是一个重构盘山古代史的大课题，暂不作讨论，但是，上述担心倒可不必。盘山佛教发展有一个显著特点，即民间性和自律性，除了清代乾隆皇帝对山林的大手笔塑造，基本遵循着一条自成系统的发展模式，但文献记载却有很强的滞后性和选择性，两者不可能完全拟合。同时也要考虑到，盘山早期寺院并不具备后世的规模和声望，或许是没有引起关注而已。

---

[1] 建筑布局和形制问题，对于考察北少林寺始建年代也有帮助，但我们目前获取到的相关资料还不具备考订年代的条件。

北少林寺"魏晋始建说"再考

本节正文讨论了北少林寺始建年代的各种说法,其中,魏晋始建的观点最早出于陈梦雷《方舆汇编》,其实有"晋魏"与"魏晋"两种表述。尽管这两种表述没有实质差别,但有鸟迹虫丝可循,从中可以找寻《方舆汇编》出错的原因。

智朴《盘山志》收入明代柯潜《宝峰德聚禅师行实碑记》(图3.4),此文不见于柯潜《柯竹岩集》,智朴应该是照碑实录而非从文集中搜得,可证录文时碑尚完整。此碑清代曾立于北少林寺,记录了宝峰德聚禅师对感化寺、北少林寺的重修经过。智朴录文中有"况感化为魏晋古刹"[①]。今《盘山金石志》收入此碑的拓片,但碑已残,残碑拓片恰好保留了"少林"和"晋魏古刹"等字样,可知智朴将"晋魏"错写为了"魏晋"。[②] 这是破解一系列谜团的关键信息。

按照智朴所录碑文记载,"晋魏古刹"实际指感化寺而非北少林寺,但如果单独阅读残碑文字,确实很容易给人以北少林寺始建于晋魏的错觉。可能是智朴之后此碑破损,录文不全,对人们产生误导,才有了《方舆汇编》"晋魏间所建"的说法。"晋魏"一词罕见于史料,如非照读实录,怎能与《宝峰德聚禅师行实碑记》的"晋魏"如此巧合地一致?由此再经今人误读,便直接将"晋魏"写成"魏晋"。[③] 当然,这种误读并不是只有今人会犯的错误,智朴抄录时就已经错了。

那么,《宝峰德聚禅师行实碑》在智朴之后破损,有无证据支撑?笔者注意到,陈梦雷《方舆汇编》所载北少林寺沙门圆玉等碑记,在于敏中等人撰《日下旧闻考》时已不见:"元时沙门

---

① (清)智朴《盘山志》卷二,中国书店,1997年,第109页。
② 天津盘山风景名胜区管理局《盘山金石志》,天津古籍出版社,2013年,第52页。
③ 正是因为这块碑文上的记载,也有学者认为盘山地区最早的寺院为感化寺。

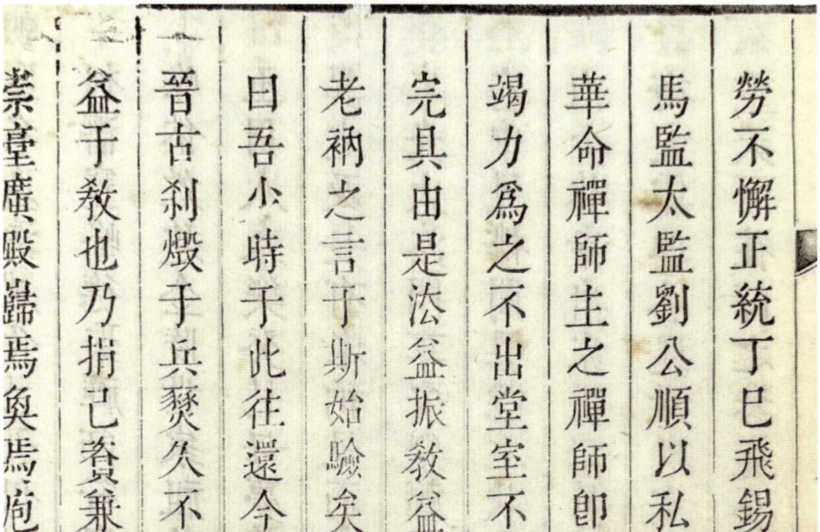

勞不懈正統丁巳飛錫吳下受戒其而還庚申御

馬監太監劉公順以私第請爲梵刹英廟賜名滋

華命禪師主之禪師即以修舉爲己任攻苦嚙淡

竭力爲之不出堂室不謁權貴而殿堂廊廡煥然

完具由是滋益振教益流譽望益隆學徒益盛而

老衲之言于斯始驗矣天順壬午遊盤山慨然歎

曰吾小時于此往還今已踰半百矣況感化爲魏

一晉古刹燬于兵燹久不能復吾徒錄錄于世而無

益于教也乃捐己貲兼募衆緣以圖興建三年而

崇臺廣殿歸焉奧焉庖湢廩庾高明弘麗像設莊

图 3.4 智朴《盘山志》载《宝峰德聚禅师行实碑记》

圆玉等碑记俱无。"① 这说明北少林寺所存碑记在于敏中的时代已经散佚。民国时期，周肇祥游北少林寺时见到了荣公大师塔和云威禅师塔，即《方舆汇编》所录法兴寺提点荣公塔、少林寺住持威公塔，可以肯定民国时期塔仍在，塔铭已佚。同理，《宝峰德聚禅师行实碑》在陈梦雷撰《方舆汇编》时已残，完全有可能，待到于敏中时残碑已散落民间，不在北少林寺，我们如今看到的只是残碑拓片和智朴《盘山志》中不完全正确的录文。

那么，既然《方舆汇编》的"晋魏始建说"可能源于对《宝峰德聚禅师行实碑》残碑的误读，为什么陈梦雷成书时还错误地将他的观点强加给了智朴《盘山志》？这个问题也好回答，《方舆汇编》的汇编体例决定了要把《盘山志》写在北少林寺等条目之上，以表明诸条目的基本来源。要知道，在智朴《盘山志》之前，还没有人对北少林寺的历史进行过梳理，《方舆汇编》必须将其作为汇编的依据。而且，智朴在《盘山志》中压根就没有提及北少林寺的始建年代问题，陈梦雷可能是要弥补山志的这个缺憾，但他还是引用了上述误读②，并没有对智朴《盘山志》的《宝峰德聚禅师行实碑记》加以关注或考证。之所以这样推论，恰如前述，"晋魏"一词实属罕见，智朴收入的碑记又偏偏将这个词抄成了人们习用的"魏晋"，因此也就很少有人将残碑与智朴的录文联系起来了。无独有偶，今人也犯了这个错误，《盘山金石志》将收入的《宝峰德聚禅师行实碑》残碑错写为《少林寺成化碑》（图3.5），就是被残碑所留文字误导，根本就不知道这块碑的真正来历，也没有与智朴《盘山志》录文对读，否则很容易分辨出晋魏古刹非指北少林寺。这个错误简直与陈梦雷《方舆汇编》的问题神似。③

---

① （清）于敏中等奉敕撰：《钦定日下旧闻考》卷一百十五《京畿·蓟州二》。

② 陈梦雷在提及北少林寺始建年代时，用了"传是"这个词。

③ 天津盘山风景名胜区管理局《盘山金石志》，天津古籍出版社，2013年，第48、52页。

上述讨论提示我们，文献记载与考古实证比起来，并不具有先天的权威，尤其是一系列错误叠加，会让问题更加复杂化。在北少林寺始建年代的问题上，清代至今的诸多"错上加错"，纠缠成难解的"疙瘩"，简直让人一头雾水。

话说回来，尽管要严肃地对待史料，但也不必过分纠结北少林寺的始建年代，这个问题并不影响我们对寺院的总体认知。古

图 3.5 《盘山金石志》载所谓《少林寺成化碑》拓片，实为《宝峰德聚禅师行实碑》残碑

人对寺院历史的记载本就不太严肃，常有附会。今立于盘山千像寺遗址的《盘山千像祐唐寺创建讲堂碑》记佛造像之来源："自昔相传，有尊者挈杖远至，求植足之所。僧室东北隅，岩下有澄泉，恍惚之间，见千僧洗钵，瞬息而泯。因兹构精舍宴坐矣。厥后于溪谷涧石之面，刻千佛之像，而以显其殊圣也。"[①] 此类记载多将寺院的历史虚化，蒙上了一层神秘面纱。

---

① 天津市蓟县盘山志编修委员会《盘山志》，天津社会科学院出版社，2005年，第114页。此引参校陈雍《〈盘山祐唐寺创建讲堂碑铭并序〉校释》一文，收入《新果集：庆祝林沄先生七十华诞论文集》，科学出版社，2009年，第597页。

四、动荡时局

结束上面的讨论后，从本节开始，我们正式进入北少林寺的故事。北少林寺前身是法兴寺。就像少林寺这个名字并非专有名词一样，以"法兴"为名的古刹也非此一家。较著名者，有位于山西省长治市的法兴寺，始建于十六国时期的后凉，北宋重建后改法兴寺至今。位于北京密云的法兴寺据说也始建于北宋。山东安丘亦有法兴寺，据考始建于南北朝，盛于唐宋。[①]

智朴《盘山志》载，金大定年间（1161—1189），圆新禅师曾为法兴寺住持。他是史料可见法兴寺最早的僧人，也是寺院八百多年可考史的起点：

> 金圆新禅师，范阳六城村人。得法于龙泉英公。大定壬午，住盘山报国寺。次住天城，次住法兴。后示疾感化，谓远侍者曰："吾当翌日行脚去。"索浴净发。至夜分，复谓远曰："黎明西北有声，须当报吾。"至时果符其语，声类

---

① 这几座寺院的始建年代系笔者检索而来，未详考，谨作说明。

钟磬，方报师，师已脱去。茶毗后舌齿不灰。①

圆新禅师"示疾感化"，今人看来有些神奇，但此类记载常见于古代碑刻铭记，可证高僧大德的修为。与圆新大约同时期的盘山甘泉寺行通和尚，圆寂前的某一天突然说："人生百岁，七十还稀，吾已六十有九矣！忝续祖道至于今时，宜当顺世，以示无常。"随即"怡然而化"。②僧人圆寂后出现的种种瑞象，也是修为的见证。金朝盘山高僧严肃大师圆寂后，"虽暑气烦溽，其尸安然，若石之不转……洎烞焚之际，有五色云团绕于上，齿舌不煨，视之如故，盖师生平主持力也"③。

智朴在《盘山志》中收入金朝九位盘山僧人传略。一是双峰寺广温禅师，金大定八年（1168）夏圆寂。二是上录法兴寺住持圆新禅师，金大定二年（1162）之后住法兴寺。三是甘泉寺行通和尚，金大定五年（1165）圆寂，圆照和尚为其撰塔记。四是严肃大师，金朝盘山僧人中最为显赫的一位，开普度坛度僧、尼二众十余万，"屡承天眷，钦赐紫衣"④，金大定六年（1166）圆寂。五是翁同山院圆覆和尚，圆寂于金大定十四年（1174）。⑤六是圆肃大师，卒年不详。七是上方寺澄方大师，卒年不详。八是法兴寺住持净荣大师，智朴未录其生卒年信息，但他实为金元之交的高僧，是此后法兴寺历史的重要见证者，下文详述。九是感化

---

① （清）智朴《盘山志》卷二，中国书店，1997年，第97—98页。

② （金）圆照《甘泉普济寺通和尚塔记》，收入智朴《盘山志》卷二，中国书店，1997年，第99页。

③ （金）沙成《甘泉普济寺赐紫严肃大师塔铭》，收入智朴《盘山志》卷二，中国书店，1997年，第100页。

④ （清）智朴《盘山志》卷二，中国书店，1997年，第99页。

⑤ 圆覆和尚卒年见智朴《盘山志》所引孙设翁《同山院舍利塔记》，写为金大定甲午四月初九日，即大定十四年，但智朴收入塔记时又将塔记撰写时间录为大定九年三月十五日，显然有抵牾。笔者无法确认是写错了卒年还是塔记撰写时间，姑且以正文所录为依据。

寺知玲和尚，金大定十七年（1177）圆寂。

一般认为，辽朝是盘山寺院发展的繁荣期，但此前的历史积淀也不容忽视，不过文献中很少见到关于寺院数量的记载。敦煌文书 S·529 号背面所载的《诸山圣迹志》，是五代后梁末年到后唐前期庄宗同光年间，敦煌名僧范海印游历各地寺院和名山圣迹的记录，给出了一个盘山寺院和僧人的确切数字："寺院五十余所，僧尼一千余人。"[①] 可知盘山寺院的基本格局在五代十国时期就已经形成。按智朴所录，金大定年间是金朝盘山寺院发展的黄金期，出现了上述一批高僧，这与金世宗完颜雍开创的"大定之治"有关。完颜雍是备受后人推崇的明君，治下的金朝进入全盛期，政治清明，社会安定，百姓能够休养生息。完颜雍对佛教基本采取保护政策，曾在燕京建大庆寿寺，赐钱 2 万缗、沃田 20 顷；在东京辽阳府建清安禅寺，度僧 500 人；于仰山建栖隐寺，同样是赐田、度僧。大定早期，还因军费缺乏出售度牒、紫衣、师号、寺额，也直接刺激了佛教的发展。[②] 盘山处于金中都路管辖的范畴，北部虽与蒙古政权接壤，但紧邻金朝政治中心，受益于良好的社会环境，佛教自然得到发展。

但是，这个短暂的繁荣局面很快就成为了历史。进入十三世纪的中华大地版图上，铁木真于金泰和四年（1204）统一蒙古部落。金泰和六年（1206），他被推举为"成吉思汗"，于漠北建立政权，成立大蒙古国。处于金蒙边界的蓟州和盘山，伴随着蒙古国的崛起，进入一个动荡时代，法兴寺也因此"活跃"起来。此后，它的名称经历了法兴寺—栖云观—法兴寺—北少林寺的复杂过程，这与金元之际的时局密切相关。

---

① 相关研究，参见张郁萍、陈双印《五代后梁、后唐时期河北地区佛教》一文，收入《敦煌学辑刊》2007 年第 2 期。

② 相关内容，见任继愈总主编、杜继文主编《佛教史》，中国社会科学出版社，1991年，第 502—503 页。

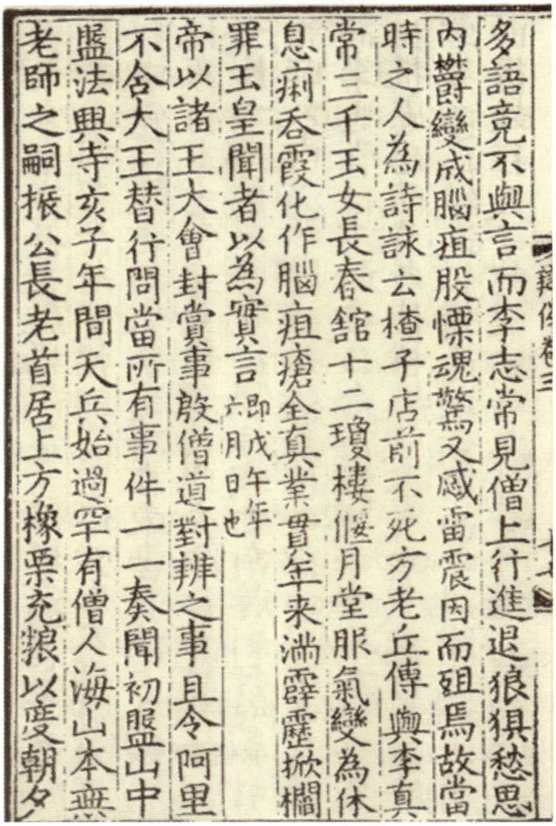

辨偽卷三

多語竟不興言而李志常見僧上行進退狼狽愁思
內齚嚙變成惱疽股慄魂驚又感雷震困而疽焉故當
時之人為詩詠云揸子店前不死方老丘傳興李真
常三千玉女長春舘十二瓊樓慨月堂服氣變為休
息痢吞霞化作惱疽瘻全真業冒年來滿霹靂掀櫊
罪玉皇聞者以為實言 即戊午年也（六月日也）
帝以諸王大會封賞事散僧道對辨之事且令阿里
不合大王替行問當所有事件一一奏聞初盟山中
監法興寺亥子年間天兵始過罕有僧人海山本無
老師之嗣振公長老首居上方橡栗充粮以度朝夕

图 4.1 《辨伪录》载法兴寺"亥子年间，天兵始过，罕有僧人"

祥迈《辨伪录》载："初盘山中盘法兴寺，亥子年间，天兵始过，罕有僧人。"①（图 4.1）法兴寺的动荡由此开始。智朴《盘山志》引《辨伪录》上述记载，在"亥子年间"后加按语"即宋德祐年"（图 4.2），此说有误。南宋德祐年是公元 1275 年至 1276 年，1275 年为乙亥年，1276 年为丙子年，虽与"亥子年"吻合，但不符史实。此处的"亥子年"，实为金宣宗贞祐三年（1215）至贞祐四年（1216），1215 年为乙亥年，1216 年为丙子年，恰

_____
① （元）祥迈《辨伪录》卷三。

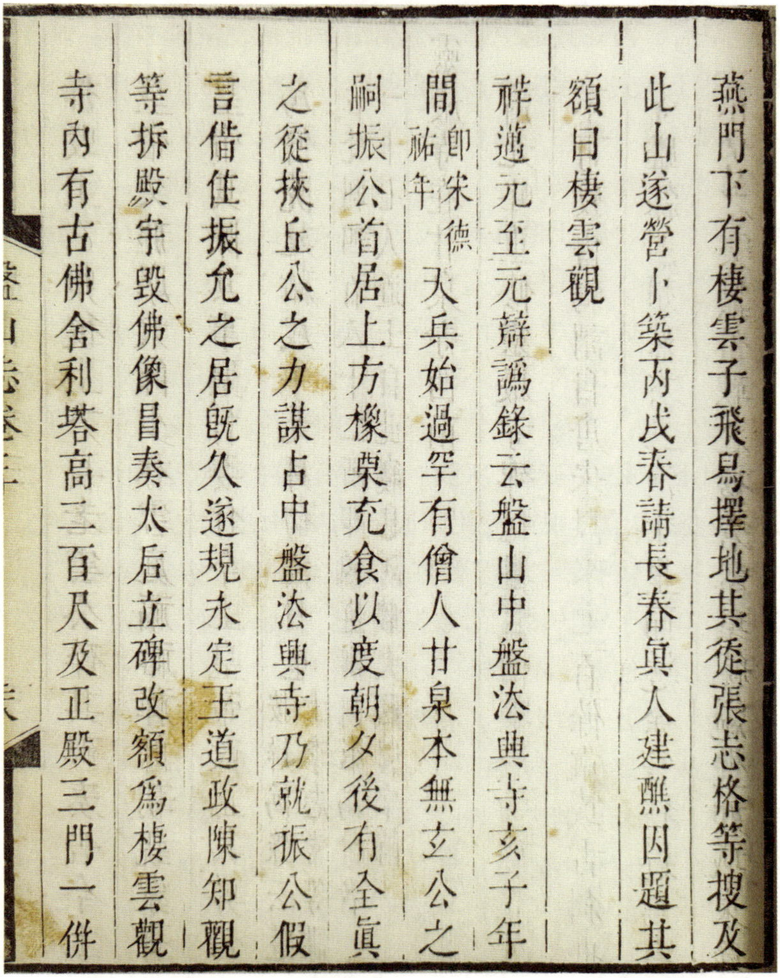

寺内有古佛舍利塔高二百尺及正殿三門一併
等拆殿宇毀佛像昌奏太后立碑改額爲棲雲觀
言借住振允之居既久遂規永定王道政陳知觀
之徒挾丘公之力謀占中盤泜興寺乃就振公假
嗣振公首居上方橡栗充食以度朝夕後有全眞
間祐年　即宋德天兵始過罕有僧人甘泉本無玄公之
祚遘元至元薛讅籙云盤山中盤泜興寺亥子年
額曰棲雲觀
此山遂營卜築丙戌春請長春眞人建醮因題其
燕門下有棲雲子飛鳥擇地其徒張志格等搜及

图 4.2　智朴《盘山志》相关记载

比智朴所记早了一个甲子。①

"天兵始过"，即亥子年间的蒙金中都之战。

金大安三年（1211），成吉思汗的蒙古大军于乌沙堡、浍河堡大败金军后，前锋直逼中都。金朝组织抵抗，蒙军撤兵。转年秋，成吉思汗再度发兵南下，后北返。金贞祐元年（1213），蒙古军第三次攻金，与金军在今北京怀来、延庆一带大战，乘胜夺取居庸关，克涿州后攻中都。金朝仓皇求和，蒙军回撤。转年金朝迁都开封，成吉思汗趁机发兵，中都又呈被围之势。待到金贞祐三年（1215），蒙军终于占领中都。

盘山毗邻北京，地缘独特，易受时局影响。中都之战持续数年，战事蔓延北方，盘山诸寺也不得安宁。全真教姬志真《鄢陵县黄箓大斋之碑》称："爰自大朝隆兴，金源失统，干戈不息，以迄今日，几四十年矣。马蹄之所及，则金汤靡粉；兵刃之所临，则人物劫灰。变谷为陵，视南成北，比屋被诛，子身不免，万无一存。漏诛残喘者，孤苦伶仃；覆宗绝嗣者，穷年索寞。"② 姬志真所言有出于宣传教义的夸张成分，但战争确实波及社会各个层面，盘山的僧人也不例外。

"兵燹"的宏大叙事中，潜藏的是小人物的命运沉浮。按前述，中都之战导致盘山寺院的僧人四散奔逃，此时法兴寺"罕有僧人"，住持振公长老留守寺院，苦撑危局，"橡栗充粮，以度朝夕"③。橡栗乃栎树果实，盘山多产，味苦但尚能下咽。兵荒马乱之中，僧人果腹无方，只能吃土产艰难度日，足见遭遇兵燹时的窘迫，此即《辨伪录》所称"天兵始过"。④ 这种局面，也

---

① 周璐《蒙元时期佛道之争新探——以盘山北少林寺为中心的考察》一文亦指出智朴的这个错误，见《科学·经济·社会》2015年第4期。

② （元）姬志真《鄢陵县黄箓大斋之碑》，收入李修生主编《全元文（二）》卷五十二，江苏古籍出版社，1988年，第111页。

③ （元）祥迈《辨伪录》卷三。

④ 耶律楚材在诗中常用"天兵"代称蒙古大军。

给后来道士侵占僧院埋下了伏笔。

　　大军过后，盘山已入蒙古帝国版图。至公元1271年忽必烈建大元国号前，盘山碑刻多用"大朝"指称这个时期，周肇祥1931年曾在盘山寓目此类碑记并写入《盘游日记》。"大朝"是中原汉地对大蒙古国的称呼，可证当时盘山已属蒙古帝国治下。《元史》载："蓟州，唐置，后改渔阳郡，仍改蓟州。宋为广川郡。金为中都。元太祖十年，定其地，仍为蓟州。"[①]《元史》特意点明"元太祖十年，定其地"，即公元1215年，正是蒙古军攻克中都之年。

　　中都之战对金朝构成重大军事打击，标志着大蒙古国在亚洲大陆的崛起中迈出重要一步。但少有人知晓，小小的盘山因为这次战争，正迎来"震荡"，法兴寺也因此被卷入一个波诡云谲的时代，经历了频繁更名的波折。

---

　　① （明）宋濂等《元史》之《志》卷十"地理一"。

盘山古代寺院被毁原因

　　史料可见盘山寺院遭受的破坏，大都处于时代更迭、社会动荡的阶段。一般认为，战争是最大的人祸，千像寺"爰自大兵之后，并已烬灭"[①]，感化寺也曾"毁于兵燹，久不能复"[②]。这种表述虽不悖史实，但难言周详。笔者倾向于透过战争的表象看问题——古代寺院的变迁，实际上是不同社会因素交织互动的复杂结果，远非"兵燹"二字那般简单。

　　历史上，不同政权的交界地带更易受战争影响。辽政权建立后，与北宋以海河为界，形成长期对峙局面。天津市武清区出土的辽应历十四年（964）赵氏夫人墓志，记述了赵氏家居燕京铜马坊，由于宋辽对峙，一家人分散各地不得团圆的情况。其丈夫和长子在真定府（今河北正定）。丈夫死后难返故园，权葬于元氏县。长女、次子和次女在均州（今湖北均县），以上家人所居均属宋地。在辽地的有：长孙在儒州缙山县（今北京延庆）；次孙在定州，也属辽控制。赵氏死后不能与丈夫合葬，只能返葬于武清李罗村故里。此碑述说的内容罕见于文献，却极为真实地反映了政权对峙地区普通百姓的生活。[③]盘山与海河类似，长期处于不同政权的接壤地带，各种文化在此共生的同时，僧人也经常因时局动荡而受到影响，前述法兴寺即为典型。

　　自然因素对寺院造成的破坏亦常见于史料，甘泉寺"创自唐

①　（辽）李仲宣《盘山千像祐唐寺创建讲堂碑铭》，收入天津市蓟县盘山志编修委员会《盘山志》，天津社会科学院出版社，2005年，第114页。

②　（明）柯潜《宝峰德聚禅师行实碑记》，收入智朴《盘山志》卷二，中国书店，1997年，第109页。

③　纪烈敏《武清县辽赵氏夫人墓志》，原载《中国考古学年鉴》1989年，收入（原）天津市历史博物馆考古部编辑《天津考古四十年资料汇编（1956~1996）》，天津市文化遗产保护中心编，天津社会科学院出版社，2023年，第238页。

代,盛于宋、元,至明初毁于火"①。民国年间,周肇祥《盘游日记》载:"昔年山水暴发,殿宇冲圮。"②正法禅院的古塔"多被水冲倒,题碣荡失"③。另一个不被人关注的因素,则是自然环境漫长的"销磨",我们称其为不可抗的"时间魔力"。千像寺佛造像近千年来暴露于阴晴晦朔、风雨交织的开放环境,被时间慢慢蚕食,今存造像数量远少于辽代。

寺院兴废是盘山地区佛教发展史的显化特征,其背后是战争等人为因素以及自然因素的作用,但古人有时并不这么认为,郑缵祖《盘山记》称:"而独是山,兵燹不经,梵响时闻,历唐宋以迄今,兹巍然雄峙,岂升沉得失治乱兴衰,固在乎高崖断谷,野水闲云之外耶?"④此说抽离了盘山的历史发展环境,所谓"兵燹不经",属文人的感性之言。

---

① (清)沈荃《重修甘泉寺碑记》,收入智朴《盘山志》卷三,中国书店,1997年,第153页。
② 周肇祥《盘游日记》,《艺林月刊·游山专号》第二卷《盘山》专号,第16页,天津市文化遗产保护中心藏本。
③ 周肇祥《盘游日记》,《艺林月刊·游山专号》第二卷《盘山》专号,第16页,天津市文化遗产保护中心藏本。
④ (清)郑缵祖《盘山记》,收入智朴《盘山志》卷六,中国书店,1997年,第253页。

五、更名栖云观

"天兵始过"不久，全真教道士来到盘山。

金末元初，王重阳弟子丘处机，于乱世之中先后获得金朝和成吉思汗扶持，大兴全真教派，形成与佛教相抗衡的势力。《盘山栖云观碑》载："时膺大朝隆兴，崇奉道德，栖霞长春真人起而应召。甲申正月，复还燕然，建长春宫。由是玄风大振，四方翕然，道俗景仰，学徒云集门下。"①

"起而应召"，即历史上著名的丘处机"西游"。元太祖十五年（1220），就在中都收入大蒙古国不久，丘处机奉成吉思汗之命，率十八弟子西觐，后于元太祖十九年（1224）返燕京，居长春宫。"西游"极大地提升了丘处机的声望，全真教凭借成吉思汗加持，势力大增，发展至极盛。②

按前述，成吉思汗大军攻下中都，"天兵始过"后，法兴寺

---

① （元）姬志真《盘山栖云观碑》，收入李修生主编《全元文（二）》卷五十二，江苏古籍出版社，1998年，第104页。

② 关于丘处机西行的情况，参见（元）李志常《长春真人西游记》。

振公长老艰难度日。风头正盛的全真道士觊觎盘山寺院，开始谋占中盘，假言借住，振公长老认为道人栖宿，犹胜荒凉，遂答应了他们。没想到的是，道士占据寺院，拆改庙宇，打损佛像，"又冒奏国母太后娘娘，立碑改额为栖云观"①（图5.1）。这段记载见祥迈《辨伪录》，属典型的僧人视角。道士所立的《盘山栖云观碑》，又提供了"立场"不同的说法：

> 有栖云子者，密通玄奥，颇喜林泉，飞舄择地。其徒有张志格等，庚辰岁，预及此山，薙荒擗径，披寻故址，巧与心会，遂营卜筑。②

"庚辰岁"即公元1220年，该年王志谨之徒张志格等人来到盘山，此行是为王志谨"打前站"。

王志谨，号栖云子，又号惠慈利物至德真人，全真教第三代高道，金大定十七年（1177）出生于山东曹州（今属山东省菏泽市东明县），元中统四年（1263）卒于汴梁朝元宫。他是蓟州盘山地区道教发展史中最为重要的一位地方教首，论道以《清静经》为宗，兼融禅宗心性本净说，带有强烈的道禅混融色彩。他的弟子论志焕将其论道之言结为《盘山栖云王真人语录》，是流传至今的道教经典之一，语录以"盘山"冠首，足见盘山之于王志谨的重要性。

金承安二年（1197），王志谨甫冠出家，拜"全真七子"之一的郝大通为师。金崇庆元年（1212）郝大通仙逝，王志谨离开山东只身西行，云游四方，获全于乱世。就在丘处机西行觐见成吉思汗，于元太祖十五年（1220）至元太祖十六年（1221）逗

---

① （元）祥迈《辨伪录》卷三。
② （元）姬志真《盘山栖云观碑》，收入李修生主编《全元文（二）》卷五十二，江苏古籍出版社，1998年，第104—105页。

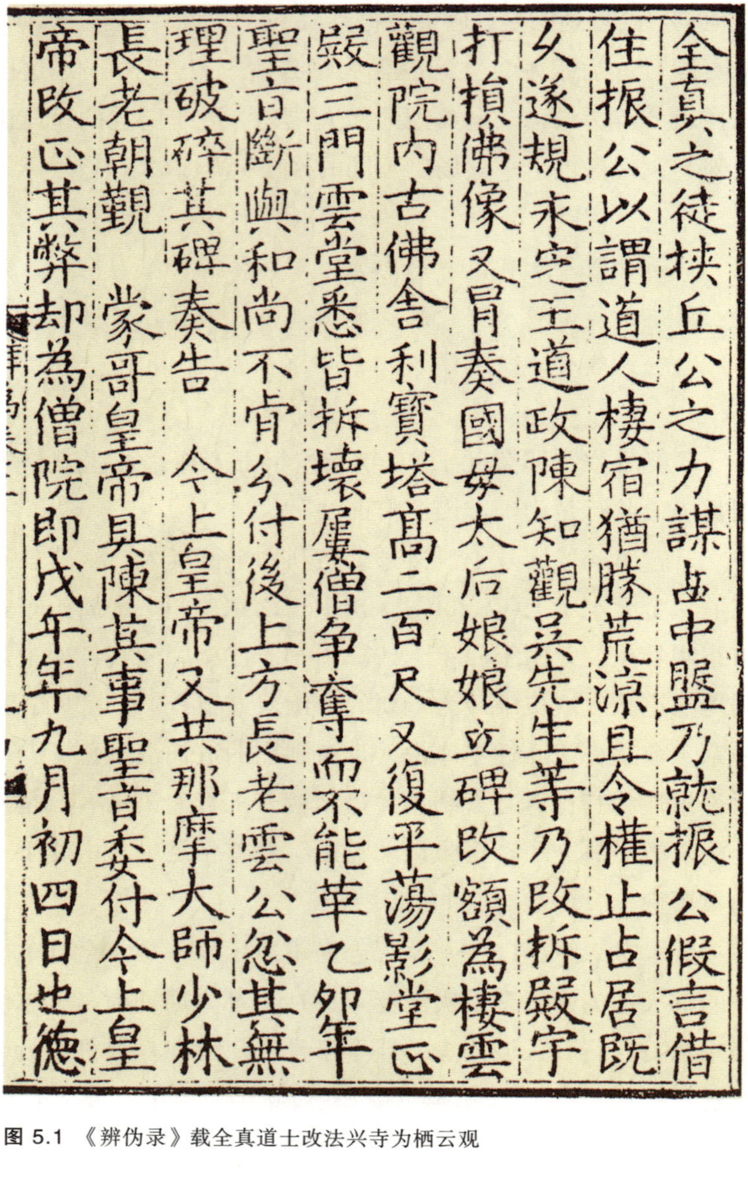

全真之徒挟丘公之力謀占中盤乃就振公假言借住振公以謂道人棲宿猶勝荒涼且令權止占居既久遂規求空王道政陳知觀吳先生等乃改拆殿宇打損佛像又冒奏國母太后娘娘立碑改額為棲雲觀院內古佛舍利寶塔高二百尺又復平蕩影堂正殿三門雲堂悉皆拆壞屢僧爭奪而不能革乙卯年聖旨斷與和尚不肯分付後上方長老雲公忽其無理破碎其碑奏告 令上皇帝又共那摩大師少林長老朝觀 蒙哥皇帝具陳其事聖旨委付今上皇帝政正其弊却為僧院即戊午年九月初四日也德

图 5.1 《辨伪录》载全真道士改法兴寺为栖云观

留燕京期间，王志谨开始追随丘处机。之后，丘处机在成吉思汗催促下启程继续西行，王志谨则于元太祖十六年（1221）从燕京出发，到离燕京不远的盘山传道。此前，他的弟子已经先行一步。[1]

《盘山栖云观碑》又载：

> 辛巳春，承本州同知许公议，请栖云真人住持此山，应命而至。居无几，参学奔赴，虚往实归，日数之而不及也。席下皆茂德耆宿，履践皆抱朴明真，徒辈日增，遂营为观。丙戌春，疏请长春真人作黄箓醮事，真人因题其额曰"栖云观"焉。[2]

《盘山栖云观碑》碑文为王志谨高徒姬志真撰，类似全真教营建道观的"例行通稿"，带有鲜明的"自我塑造"与"神话历史"的色彩，不仅展现了道士营建之艰辛、传道之隆兴，也掩盖了与佛教的冲突和占据法兴寺的事实，与祥迈《辨伪录》所载堪称互文。碑文称，公元1221年（辛巳）春，王志谨应蓟州同知许公之请，到盘山主持全真教教务。碑文所谓"徒辈日增，遂营为观"，实际上就是占据了法兴寺并改为道观，"栖云观"即得自王志谨之号。按前述，在他到盘山之前，徒弟张志格等已在此地"遂营卜筑"。

此后不久，就在公元1224年丘处机西游返回燕京之时，刚刚在盘山站稳脚跟的王志谨又奉丘处机之命主领修建燕京天长观，可见其受到的重视和信任。但此时他仍然是全真教盘山教派的教首，并开始谋划将法兴寺更名为道观。

公元1226年（丙戌）春，法兴寺更名，王志谨请丘处机来盘山，

---

[1] 王志谨行迹，详见赵卫东、王光福《王志谨学案》，齐鲁书社，2015年。

[2] （元）姬志真《盘山栖云观碑》，收入李修生主编《全元文（二）》卷五十二，江苏古籍出版社，1998年，第105页。

丘处机亲自题额"栖云观"。《长春真人西游记》对此事记载较为详细："丙戌正月，盘山请师黄箓醮三昼夜。是日，天气晴霁，人心悦怿，寒谷生春。"[1]结束之际，丘处机还以诗示众："诘曲乱山深，山高快客心。群峰争挺拔，巨壑太萧森。似有飞仙过，殊无宿鸟吟。黄冠三日醮，素服万家临。"[2]

丘处机的盘山之行并非道士所录的一帆风顺。《辨伪录》又有"丘公自往蓟州，特开圣旨，抑欲追摄甘泉本无玄和尚，望其屈节，竟不能行"[3]，说的也是此间的事（图5.2）。甘泉本无玄和尚即海山本无，法兴寺振公长老的父亲。[4]这并非巧合，僧道冲突日益加剧，盘山僧人绝不会对道士占据寺院的行为听之任之，肯定调动了各种力量阻碍法兴寺更名，海山本无和尚应该就是这股力量的"中坚"。丘处机盘山之行除了为王志谨助威，还试图让海山本无和尚屈服，以"摆平"由此带来的矛盾。但海山本无和尚应该严词拒绝了他，故"不能行"。这也从一个侧面反映了僧道之间的"角力"。

耶律楚材《西游录》中亦提及此事："丘公又欲追摄海山玄老，妄加毁坼"，并将此作为"予不许丘公之事，凡有十焉"的重要内容之一。[5]《西游录》所谓"妄加毁坼"，可以确信就是法兴寺改栖云观，但耶律楚材将王志谨师徒的行为放到了丘处机身上。此说有失实处，却证明了丘处机在其中施加的影响。道士不仅毁寺为观，还"欲通管僧尼"[6]，特别是丘处机追摄高僧的

---

① （元）李志常著，尚衍斌、黄太勇校注《长春真人西游记校注》，中央民族大学出版社，2015年，第260页。

② （元）李志常著，尚衍斌、黄太勇校注《长春真人西游记校注》，中央民族大学出版社，2015年，第260页。

③ （元）祥迈《辨伪录》卷三。

④ （元）祥迈《辨伪录》卷三。

⑤ （元）耶律楚材著，向达校注《西游录》，中华书局，1981年，第15—16页。

⑥ （元）耶律楚材著，向达校注《西游录》，中华书局，1981年，第15页。

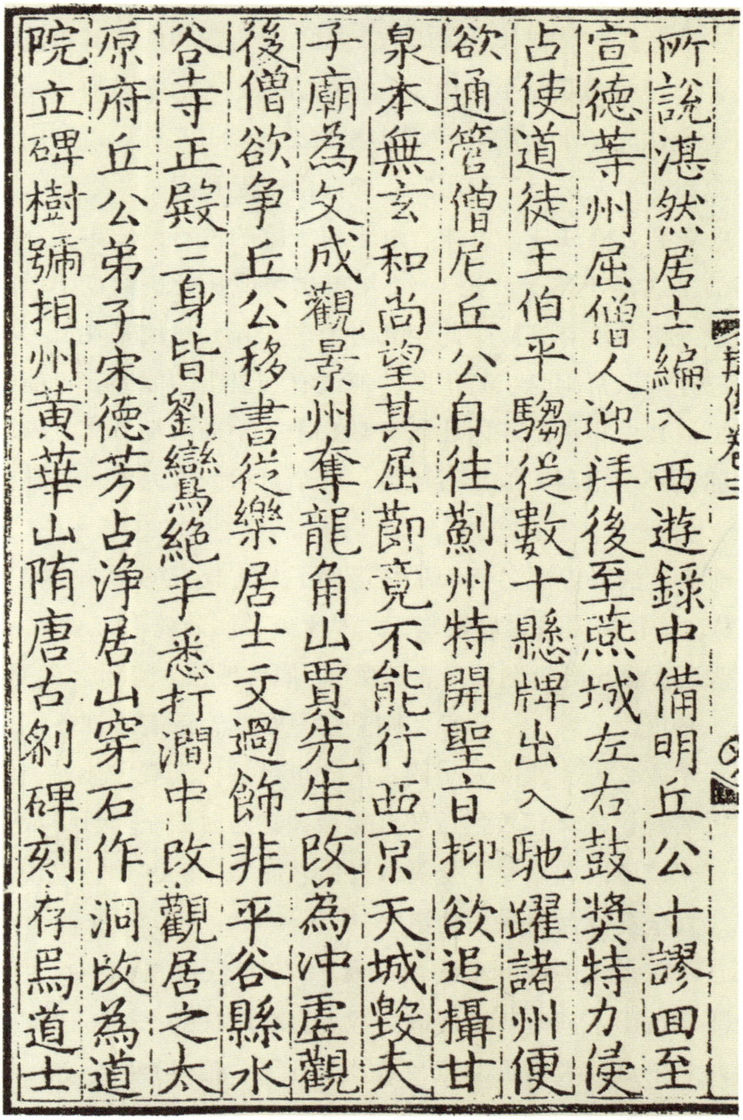

所說湛然居士編入西遊錄中備明丘公十謬回至宣德莘州屈僧人迎拜後至燕城左右鼓獎特力侯占使道徒王伯平驕從數十懸牌出入馳躍諸州便欲通管僧尼丘公白往薊州特開聖旨抑欲追攝甘泉本無玄和尚望其屈節竟不能行西京天城嶷夫子廟為文成觀景州奪龍角山賈先生改為沖虛觀後僧欲爭丘公移書從樂居士文過飾非平谷縣水谷寺正嵓三身皆劉巒鷟絕手悉打澗中改觀居之太原府丘公弟子宋德芳占淨居山穿石作洞改為道院立碑樹蹁相州黃華山陌唐古剎碑刻存焉道士

图 5.2 《辨伪录》载丘处机蓟州之行

做法，在耶律楚材那里显得相当豪纵和恶劣。

海山本无是彼时的高僧大德，在盘山地区颇有影响，但因史料匮乏，难考其详。智朴《盘山志》收入圆悟赈和尚："得法东山本无玄公，孤藤双钵至盘山，修报国寺。"[①] 幸安禅师"初至灵石山，参达光二老有得，后谒本无玄公于海山"[②]。"东山本无玄公"和"本无玄公于海山"，即海山本无和尚。

法兴寺更名栖云观，意味着道士对寺院的占有已成事实。风头无两的王志谨还曾于公元 1227 年再次邀请丘处机到盘山做醮事，但丘处机并没有答应。此年北方大旱，丘处机倒是在五月初一、初三分别做祈雨醮、贺雨醮。他没有到盘山的原因，可能是王志谨也请其做祈雨醮，因此没有必要跑到不同的地方重复做此事，再加上年事已高，故没有成行。两个月后的七月四日，丘处机仙逝。[③]

按前述，法兴寺更名栖云观是借助了蒙古权贵的影响，《辨伪录》称"又冒奏国母太后娘娘，立碑改额为栖云观"，这与《盘山栖云观碑》载丘处机题额"栖云观"，似有抵牾。实际上，"立碑改额"是更改名称，"题额"则是题写匾额，两者本属不同性质，既不矛盾，也不能混为一谈。由此也可知栖云观之显赫，既具皇家更名背景，又有教主丘处机题额，在当时的全真教中颇具影响力。王志谨因此确立了全真教盘山教派宗主的地位，盘山栖云观也成为全真教盘山教派的祖庭。

王志谨在盘山的时间很短。公元 1227 年丘处机仙逝后，王志谨也离开盘山，周游各地传道。姬志真总结他的一生："立德建功造始于中盘，大成于梁苑，其赞助真风，辅成玄教，亦由时

① （清）智朴《盘山志》卷二，中国书店，1997 年，第 104 页。
② （清）智朴《盘山志》卷二，中国书店，1997 年，第 105 页。
③ 详见赵卫东、王光福《王志谨学案》，齐鲁书社，2015 年，第 27 页。

之盛者也。"①王志谨"立德建功"始于盘山，成于梁苑，大体上是一个客观的评价。今天，我们已经很难在盘山找到他留下的痕迹，应该与其逗留时间太短有关，也与后来的僧人打毁道士碑刻脱不了干系。明代卢雍游盘山时，于败叶间搜得断碑四片，合而读之，有"元人栖云王琐题上方兰若诗"字样。卢雍赋诗次韵："石路转复转，云林深更深。前峰团紫盖，上刹布黄金。苔蚀残碑字，风传清磬音。悠然坐终日，销尽利名心。"②"王琐"应为王志谨，或许是他的本名，也可能是其传道盘山时所用别名。作为道士，王志谨在盘山题诗寺院，可见佛道并非人们想象的那样水火不容，教义之别、利益之争，并不妨碍他们在现实社会中的交往和神会。清代查礼、万光泰等人游盘山时，曾在西甘涧经僧人指引，游全真教"王栖真所居石龛"。"王栖真"可能也是王志谨。③

栖云观于公元1226年得名之后，存续了三十多年。个中故实，已如烟灭。可以确知的是，全真教第六任掌教尹志平曾到栖云观，其诗可证："盘山路不深，道院正当心。一谷水细流，满山松布荫。庵前闲散发，亭上静披襟。羽客朝春药，幽人夜操琴。云生添瑞景，风动转清音。此地全真乐，予知胜万金。"④此诗是观察栖云观的重要参考，点出了所处的中盘景观，道士以白云清风为伴，春药操琴，一派鼎盛时期的景象。

但是，"此地全真乐"的表象之下，潜藏着涌动的暗流。栖云观存在的三十多年间，金朝亡于蒙古帝国，僧道也聚讼不休。时移世易，话语权正在发生微妙变化。

---

① （元）姬志真《盘山栖云观碑》，收入李修生主编《全元文（二）》卷五十二，江苏古籍出版社，1998年，第105页。
② （明）卢雍《偶于败叶间搜得断碑四片，剔藓合而读之，有元人栖云王琐题上方兰若诗，因次其韵》，收入智朴《盘山志》卷七，中国书店，1997年，第261页。
③ （清）万光泰《柘坡居士集》卷四。
④ （元）尹志平《葆光集》卷上。

全真教占据寺院的重点区域

全真教起于乱世，能够在金元之际大兴，自有其原因。他们传教的重点区域在受战事影响的北方，彼时社会失序，百姓生活艰难。全真教借机阐发教旨，契合了百姓获取心灵安慰的需求。另一方面，丘处机及其弟子注重营设道观，将其作为吸引教众的据点，发挥对周边的辐射作用。随着势力的不断拓展，道士不仅在各地大兴宫观，化度道流，还占据大量僧院，时常与僧人发生冲突。

这里，有一个重要的现实因素。金朝虽然对宗教采取了相对开明的政策，也非放任自流。金世宗本人虽有崇佛之举，也曾出于身体原因召见丘处机，谋求益寿延年之术，但对宗教时有提防之心。世宗之后，章宗对宗教严苛管束，史称"明昌禁令"。政策的涟漪效应触及金蒙交界的蓟州地区，肯定会对宗教发展带来影响，乱世之下，营建道观本就不是一件简单的事情。但是，刚刚经历了"中都之战"的盘山初入大蒙古国版图，寺院僧人四散奔逃之际，挟成吉思汗之威的全真道士乘虚而入，占据寺院，远比大兴土木来得便捷和容易。

朱建路将《辨伪录》所载佛道争端统计列表后认为：

> 佛道争夺的重点区域位于燕京、西京、滦州、遵化、檀州、顺州、蓟州等燕云一线。耶律楚材《西游录》中所举道士侵占寺院、文庙的例子，分别发生在天成、景州。虽然释祥迈在《至元辨伪录》中说"其余东平、济南、益都、真定、河南、关西、平阳、太原、武朔、云中、白霫、辽东、肥水等路，打拆夺占、碎幢磨碑难可胜言，略知名者五百余处"，但我们在文献中少见记载，碑刻中也未有反映。学者考证《至元辨伪录》多有夸张之处，将佛道斗争的区域扩大到整个北方可能也是

其中之一，佛道间争夺的主要区域乃是在燕云一带。①

朱建路分析，这种局面的形成，大概与蒙古军的进攻态势相符合。此说不谬，进一步讲，燕云一带佛道之争尤其是道士占据寺院的局面，与蒙金之战密切相关。彼时盘山地区的情况即是典型，当蒙军在中都之战中占据盘山后，全真教道士旋即到来，这里受蒙军冲击严重，僧人纷纷避难，给道士占据寺院提供了难得的时机。燕云一带的情况大致如此。反观河北中南部地区，汉人世侯对稳定社会秩序起到了重要作用，佛教受到冲击也小，道士占据寺院的情况也少。②

---

① 朱建路《石刻文献与元代河北地区研究》，南开大学 2017 年博士论文。
② 朱建路《石刻文献与元代河北地区研究》，南开大学 2017 年博士论文。

蒙古盤山棲雲觀碑

姬志真

　　道無形埒，得人則行；山無高下，有仙即名。此物理之冥符，人事之吻合也。漁陽西北之山，本名四正。古有田盤先生者，田其姓也，未詳何代，自齊而來，棲遲此山，歲曆已久，得道成真。雖獷獵庸樵，莫不敬仰，遠近風化，人因名此山為盤山焉。茲山之顏，紫峯之下，懷抱爽塏，明秀端正，號曰中盤，縹緲雲霞之洞府也。累經劫代，為浮圖氏所居。會金天失馭，劫火流行，陵谷推遷，物更人換，復為茂林豐草，豺虎之所據焉。時屬大朝隆興，崇奉道德，棲霞長春真人起而應召。甲申正月，復還燕然，建長春宮。由是玄風大振，四方翕然，道俗景仰，學徒雲集門下。有棲雲子者，密通玄奧，頗喜林泉，飛鳥擇地。其徒有張志格等，庚辰歲，預及此山，薙荒辟徑，披尋故址，巧與心會，遂營卜築。辛巳春，承本州同知許公議，請棲雲真人住持此山，應命而至。居無幾，參學奔赴，虛往實歸，日數之而不及也。席下皆茂德耆宿，履踐皆抱樸明真，徒輩日增，遂營為觀。丙戌春，疏請長春真人作黃籙醮事，真人因題其額曰棲雲觀焉。厥後名播諸方，京師官僚士庶復請出山，住燕京天長觀。丁亥秋，真人升霞之後，大師由是率眾南邁，所過者化。郡縣郊迎，隨立宮觀，創新葺故者，不可勝數，皆其門弟所主焉。特於南京重陽祖師升霞之所，鄭重傾心，構朝元宮，最為壯麗也。原夫棲雲大師，立德建功造始於中盤，大成于梁苑，其贊助真風，輔成玄教，亦由時之盛者也。此特紀其實跡，而師之所以跡者，殆不可以言傳也。後之學者，亦宜勉旃。敬為之銘：

　　田公先生，人物之英。玉石之榮，泉源之清。神變罔測，不留影跡。山有其名，公懷其實。久假浮屠，於今始歸。猿鶴並集，雲霞以依。棲雲老師，複主張是。敷暢玄風，無遠不至。王之與田，削去二邊。千載一合，薪火之傳。松風竹月，水聲山色。出示吾宗，惟居之得。山舟密移，行莫遲遲。重玄向上，勉而效之。[①]

---

① 见姬志真《云山集》，收入《全元文》等。为保留原碑信息，本书以繁体字收入碑文，谨作说明。

六、复名法兴寺

　　法兴寺被道士占据并改栖云观后，僧道屡屡发生冲突。《辨伪录》载："院内古佛舍利宝塔，高二百尺，又复平荡。影堂、正殿、三门、云堂，悉皆拆坏。屡僧争夺而不能革。"[1]

　　道士占据寺院，通常会破坏佛教元素，抹去佛教痕迹。《辨伪录》在法兴寺之后又记一例：德兴府水谷寺有佛像，道士占据后怕僧人争夺，便毁像灭迹，将毁坏的佛像扔进水沟，后被僧人发现，愤怒的上方长老道云背着被毁佛首上奏朝廷。忽必烈弟弟阿里不哥见而悲之，随即召来道士痛斥，以响箭射之、以石打之，道士头皆流血。[2]佛道冲突频频发生，已不再是单纯的教派之争，进而引发广泛的社会矛盾并受到统治者重视。

　　需要指出的是，彼时佛道之间的冲突只是兵戈扰攘的一个侧面而非全部。在动荡的时局中，占据佛寺的不仅有道士，还有蒙古军队等，而且史料中亦见僧人觊觎道观的记载。此外，道士占

---

　　① （元）祥迈《辨伪录》卷三。
　　② （元）祥迈《辨伪录》卷三。

据寺院的行为也不能定性为单纯的佛道冲突，冲突的表象下亦蕴含了某种并不消极的意义。时人也并非一边倒地指责道士。耶律楚材《西游录》录"客"之言："予闻诸行路之人云，今之出家人率多避役苟食者，若削发则难于归俗，故为僧者少，入道者多。兵火以来，精舍寺场率为摧坏。若道士不居占，亦为势家所有，或撤毁以为薪，又何益焉！"[1]"客"之言出于民间，道出了彼时全真教的兴盛，虽含有为全真教占据寺院辩护之意，但亦是实情。作为佛弟子的耶律楚材当然不会同意这个说法，他引此是为了有的放矢，强化自己尊佛、护佛的观点："此曹首以修葺寺舍、救护圣像为辞。居既久，渐毁尊像，寻改额名，有磨灭佛教之意……大丈夫窃人之宇舍，毁之祖宗以为己能，何异鼠窃狗盗邪？所谓因人成事者也，岂不羞哉！兵火之事，代代有之。自汉历唐，降及辽宋，代谢之际，干戈继作，未尝有改寺为观之事。"[2]耶律楚材不遗余力地批评丘处机，将佛道的消长看作一种对立状态，其言虽不谬，但也忽视了作为物质存在的寺院在道士手中被客观保留的事实。当然，我们还要看主流，即道士占据寺院并行破坏之实是当时一个不容忽视的社会现象。

法兴寺更名栖云观不久，丘处机和成吉思汗相继去世。[3]他们的时代已然落幕，其密切关系，后人再难复制。全真教再也找不到一个能够被视为"精神领袖"的权威。蒙古帝国的继任者也逐渐失去了对道教的浓厚兴趣，尽管他们对宗教依然采取包容开明的政策，却日益趋向于佛教，并最终将藏传佛教定为国教。伴随着僧道势力的消长，僧道之间的冲突，在金朝退出历史舞台后蒙古政权的调和下，出现了新动向。

元宪宗五年（1255），法兴寺更名栖云观将近三十年后，福

---

[1] （元）耶律楚材著，向达校注《西游录》，中华书局，1981年，第17页。

[2] （元）耶律楚材著，向达校注《西游录》，中华书局，1981年，第18页。

[3] 成吉思汗与丘处机都去世于公元1227年。

裕大师上奏朝廷，控告道士散布伪经、败坏佛法。福裕大师字好问，号雪庭，嗣法于曹洞宗芙蓉道楷系第六世传人万松行秀，曾住持嵩山少林寺，又称"少林长老裕公"。宪宗时期，福裕奉旨总领释教，声誉极高，他的控告受到皇家重视，蒙哥皇帝召全真教首李志常与福裕展开辩论，最终佛胜道败，皇帝下令焚毁道教伪经、退还道士占据的寺院37所。但是，全真教不服，并未执行。

此时，栖云观虽判还僧人，但仍在道士手中，即《辨伪录》所称"乙卯年（1255）圣旨断与和尚，不肯分付"①。上方长老道云"忿其无理，破碎其碑奏告"②，采用了与道士破坏寺院同样的方式来发泄不满。迄今可见道士所留文献，只字不提对寺院的侵占和破坏，全部隐晦其辞。与道家的讳言相比，僧人则站稳受害者和最终获胜者的道义立场，光明正大地将"破碎其碑"写入了《辨伪录》。

道士为什么"不肯分付"？解答这个问题，也有助于理解道士占据寺院并与僧人产生冲突的根源，因为这本就是一件事情的不同侧面。学界对此众说纷纭，一种说法认为，"伪经"问题是引发佛道之争的主要原因。僧人对道士发行"轻蔑释门"的伪经表示不满，从实际需求看，并无强烈收回被占佛寺的意图。其理由之一，是彼时佛教仍处于庙多僧少的局面。言外之意，僧人不必为了寺产跟道士发生争辩和冲突，他们争夺的是基于道德正义的"话语权"而非实际利益。这显然是一种机械的认知，缺少对历史语境的体悟。一个简单的逻辑是，既然僧人没有争夺寺产的动力，为什么又为了夺回寺产而与道士产生冲突？盘山法兴寺并非孤例，即便《辨伪录》对道士占据寺院的数量和双方的冲突有夸大成分，也不可能罔顾事实而随意捏造。前引耶律楚材《西游

---

① （元）祥迈《辨伪录》卷三。

② （元）祥迈《辨伪录》卷三。

录》与"客"辩论之言，已经显示出道士侵占寺院关乎"磨灭佛教"，受到侵害的僧人岂能罢休？

陈垣很早就谈到这个问题：

> 然此特其副因耳，其主因在恢复侵地，不在辩论化胡也。何谓侵地？自金南渡后，名蓝精刹，半就荒芜，全真代兴，辄改为观。张伯淳《辨伪录》序谓有四百八十二所，此元太祖末年及太宗初年事，耶律楚材与丘公之隙末，亦缘此也。①

简言之，对经典的分歧只是佛道冲突的原因之一，是僧人上诉蒙古统治者的理由，对侵地的争夺则是主因。进一步说，双方争夺的是宗教所特有的经济利益和政治地位。抛开教义的分歧不谈，对寺观的占有就意味着对土地、建筑、农田、林木以及经济来源的把控，同时也意味着对社会地位的掌控。无论僧人还是道士，都是寺观经济的获利者。寺观占有权的转移，也意味着权势和利益的转移，谁也不会轻易将这些利益让人。

公元 1255 年的那次辩论，并没有彻底解决僧道之间的矛盾和冲突，栖云观仍在道士手中。元宪宗八年（1258）七月，双方展开了历史上规模最大的一次辩论。蒙哥皇帝委托忽必烈请各地僧、道集于上都和林皇宫。参加辩论的僧、道达五百余人，"证义"的大臣及儒生有二百余人。佛教"头众"为福裕大师，全真教"头众"为张志敬真人，双方各出十七人。佛教的十七名高僧中包括蓟州盘山的甘泉山长老本瑄、上方长老道云，以及后来编纂《辨伪录》的滦州开觉寺长老祥迈；全真教代表主要集中于燕京天长观（今北京白云观）。辩论由忽必烈主持，围绕《老君八十一化

---

① 陈垣《南宋初河北新道教考》，中华书局，1962 年，第 56 页。

图》《化胡经》等展开，约定僧人认输要留发归道，道士认输则剃发为僧（图6.1）。

辩论中，僧人抓住《化胡经》是否为老子所说、何为佛、老子有无到天竺化胡成佛，以及道士能否持咒入火不烧、或白日上升、或摄人返魂、或驱妖断鬼、或服气不老、或固精久视，让道士作答。忽必烈、八思巴大师（藏传佛教萨迦派第五代首领，忽必烈继位后被尊为国师）也提出质难。道士或"无答"，或"不曾闻得"，或"不敢持论"，最后只能认输，"即依前约，脱袍去冠，一时落发"①。

全真教惨败的另一个后果是，其所占寺院、山林和土地共482处被判定归还佛教。虽然道教没有全部归还，但栖云观终于在这次辩论后复归僧人，复名法兴寺，"改正其弊，却为僧院"②，具体时间为元宪宗八年（1258）九月初四。③

《燕京蓟州盘山中盘法兴禅寺故荣公提点大师塔铭》是考察法兴寺复名之后的一则重要史料（图6.2）。塔铭透露，荣公大师为德州张氏子，世袭以来，农桑为业，后遵父命拜照公长老为师，落发受具，精勤好道，利生为怀，先后在盘山等多个寺院修行，终于中盘法兴寺。智朴《盘山志》收入其传略，写为"净荣大师"。大师某日对众人说："光阴有限，慎勿怠惰。"④语毕而逝，时在元中统二年（1261）二月。大师圆寂后，法兴寺新任住持明理于元中统四年（1263）三月为其建塔立石，可证此时法兴寺并非

---

① （元）祥迈《辨伪录》卷四。

② （元）祥迈《辨伪录》卷三。

③ 至元十八年(1281)，忽必烈命儒、释、道三方代表会集大都长春宫考校道藏诸经。事后颁诏天下，《道德经》之外的道教文字及经版悉数焚毁，不得藏匿。同时晓谕道士，有嗜佛者可削发为僧，不愿为僧道者可还俗。此为历史上第三次佛道辩论。10年后，祥迈奉忽必烈之命撰《辨伪录》，记录了这场历时30多年的佛道之争经过。今人对元代佛道之争的次数、时间等说法不一，笔者从"三次"说。

④ （清）智朴《盘山志》卷二，中国书店，1997年，第103页。

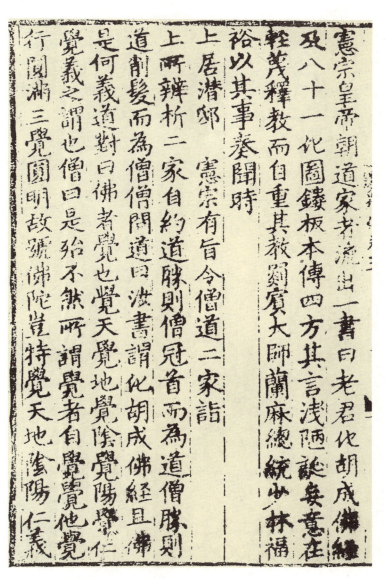

憲宗皇帝朝道家書流出一書曰老君化胡成佛經
及八十一化圖鏤板本傳四方其言淺陋誕妄意在
輕蔑釋教而自重其教劉賓大師蘭麻總統㣲林福
裕以其事奏聞時
上居潛邸　憲宗有旨令僧道二家詣
上所辯析二家自約道勝則僧冠首而為道僧勝則
道削髮而為僧僧問道曰汝書謂化胡成佛經且佛
是何義道對曰佛者覺也覺天覺地覺陰覺陽覺他覺仁
覺義之謂也僧曰是殆不然兩謂覺者自覺覺他覺
行閻浮三覺圓明故號佛陀豈特覺天地陰陽仁義

图 6.1　《辨伪录》载佛道之辩

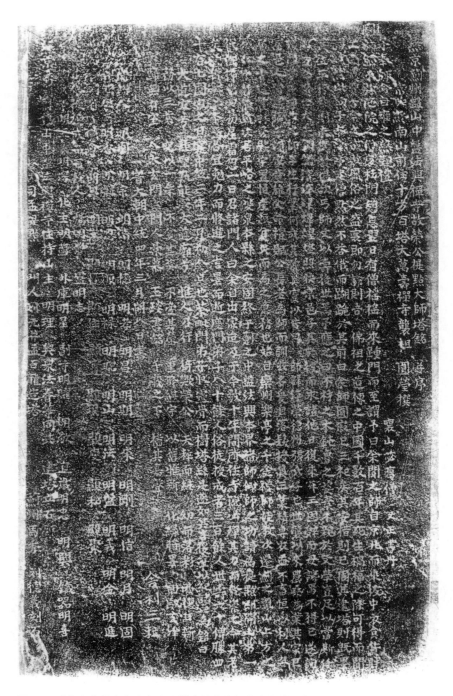

图 6.2 《燕京蓟州盘山中盘法兴禅寺故荣公提点大师塔铭》

　　　佛道之辩与人文塑造

无人掌管。①

　　主持法兴寺期间，荣公大师对回归僧人之手的寺院进行了重建，"重修绀宇，以旧惟新"。这显然是一个恢复寺院佛教属性的过程，当然要抹掉道士此前留下的种种痕迹。本界诸师念大师功劳，"请为提点，即开山第一代住持"②。荣公大师被奉为法兴寺开山住持，凸现了寺院回归后僧人复兴山门的强烈愿望。但是，复名后的法兴寺并没有存续太长时间，荣公大师和他的弟子在寺院历史中仅仅扮演了"过渡"的角色。很快，法兴寺就迎来了新"主人"。

---

① 智朴《盘山志》收入明理禅师传略，但此明理禅师，非荣公大师之后的法兴寺住持明理。

② 北京图书馆金石组《北京图书馆藏中国历代石刻拓本汇编》第四十八册，中州古籍出版社，1991年，第30页。

盘山的寺院经济和僧人地位

盘山诸寺院历史上便拥有丰厚寺产，僧人也善聚财。寺产来源大致有三：继承前代，接受施舍，皇家赏赐，主要包括土地、房屋、林田以及与之相关的手工业等。寺院还会以出租、佣耕等方式经营寺产。有司也会通过免征赋税体现对寺院的重视和僧人的优待，使寺院拥有许多经济上的特权，但这种情况较为复杂，并非一以贯之。

辽代盘山的感化寺即为古代寺院经济的典型一例。辽乾统七年（1107）所立的《上方感化寺碑》，记载了感化寺的寺产以及由此引发的争讼。感化寺旧称保积寺，文献记载始建于唐代，后道士占据，改为上方玄宫，辽时易名感化寺。可见盘山寺院的僧道易主并不始于金元之交的法兴寺。此碑载："以其创始以来，占籍斯广，野有良田百余顷，园有甘栗万余株，清泉茂林，半在疆域，斯为计久之业，又当形胜之境。"感化寺在三河北乡还有寺庄一座。辽道宗大安年间（1085—1094），有人状告寺田"执契不明"，南京道遂将寺田没收，变为牧场经营。寺僧多次据理力争，被没收的寺产才重归寺院，后在地方官员的主持下，复原旧界，立契为证。[①]

金元时期，僧道地位优渥，衣食无忧。《经世大典》称："自佛法入中国，为世所重，而梵宇遍天下。至我朝，尤加崇敬，室宫制度咸如帝王居，而侈丽过之。或赐以内帑，或给之官币，虽所费不赀，而莫与之较。"[②]至于兴盛一时的道教，《经世大典》称："举世崇尚，为之筑宫室、立台榭，固非一日。其教虽有正

---

① （辽）南抃《上方感化寺碑记》，收入智朴《盘山志》卷三，中国书店，1997年，第138—140页。

② （元）赵世延、虞集等撰，周少川、魏训田、谢辉辑校《经世大典辑校》，中华书局，2020年，第818页。

一、全真、大道之殊，而我朝尊宠之隆，则与释氏并。乃若琳宇之穹崇，璇宫之宏邃，皆出于国家经费而莫之靳，亦岂其道非常之所致欤？"①虽然这种概述式的描绘往往掩盖历史的复杂性，但从中可窥金元时期僧道的真实一面。

成吉思汗曾下诏免除丘处机等出家人差发税赋，②并下《优待丘处机诏》③。王志谨师父郝大通长于敛财，宋子贞《普照真人玄通子范公墓志铭》记郝大通弟子范圆曦，其中提及郝大通师徒聚钱几十万缗。杨讷《丘处机"一言止杀"考》中称："郝大通去世于金卫绍王崇庆元年（1212），那时蒙古兵已攻中都，山东有杨安儿红袄军之变。在这样的乱世，郝大通师徒还能聚得几十万缗钱财，可见全真教徒的生活水准是高于一般百姓的，不要以为他们都生活清苦。"④

---

① （元）赵世延、虞集等撰，周少川、魏训田、谢辉辑校《经世大典辑校》，中华书局，2020年，第819页。

② 见成吉思汗《免丘处机等出家人差发税赋圣旨》，收入李修生主编《全元文（一）》卷一，江苏古籍出版社，1988年，第6—7页。

③ 见成吉思汗《优待丘处机诏》，收入李修生主编《全元文（一）》卷一，江苏古籍出版社，1988年，第7页。

④ 杨讷《丘处机"一言止杀"考》之"早期全真道与方技的关系及其他"，上海古籍出版社，2018年，第114—115页。

燕京薊州盤山中盤法興禪寺故榮公提點大師塔銘並序

常□終南山前住十方百塔大萬壽禪寺襲祖圓瑩撰，襄山苾蒭僧文正書丹。

予奉師命，自雍之終，觀禮□□□□彌陀院之□□法門憩息。翌日，有僧搖搖而來，踵門而至，謂予曰："余聞之師自京兆而來，□中衣食貨財□□□□□今之代□，風俗之盛衰即勿論，則吾佛祖之道傳之中國千數百年，其死生禍福之際，可得而聞□□□□□□□□□僧默然不答，俄而踘跪於其前曰："余師圓寂已三祀矣，其安措則已周，其建塔則既畢，□□□□□□□□揚，欲丐師文以壽後世焉。"予應之曰："不材之木，鈍魯之姿，素不親于文學，豈足以當斯任□□□□□□□□□□□□□照□京邑子其於彼而求諸。"他日復來，再三固辭而毋□焉，不得已，遂詢□□□□□□師平生行業何哉？其僧具實以告曰：師諱淨榮，德州張氏子也。世襲以來，農桑為業，其家□富，邑人□□□□□□□□父命禮照公長老為師，而訓茲名，爰自落髮授具，三業精專，衣盂不畜，恒以利人□□□□□□□殿宇置恆產□□□而為之急務也。始自灤州樂亭之千金禮師□教，次遷薊之□山，上方之感□□□□□，次若平峪之□泉，本縣之安固，終於薊之中盤法興。本界諸師□師之功，請為提點，即開山第一代住持。□□易星霜，忽一日召諸門人曰："余自出家迄及于今數十年間，所住寺院，□殫其力而終崇之。今其老矣，□□□□□□□宜勉力而修進之。"言畢而逝。度門弟子八十餘人，俗徒授戒者三百餘人。世壽六十，僧臘四十有七。圓寂之日□中統二年二月初八日也。茶毗，門弟子收靈骨而樹塔。繇是，遂如其言，捉筆以紀諸，以為銘曰：

大道立兮，炬望孰能。大道顛兮，惟人乃行。猗歟榮公，天粹而純。幼而落彩，惟德日新。務以三業，究以一忝。不貪其□，不愛其榮。重修紺宇，以舊惟新。化緣將畢，能馭玄津。歸無有室，入□玄門。門人景慕，玉琰書銘。千載之下，播其嘉聲。

皆大朝中統四年三月朔八日書。

□□、明宗、明清、明□、明孝、明昌、明期、明崇、明測、明信、明月、明固、□□、明□、明□、明忍、明順、明祿、明聰、明山、明法、明盤、明義、明金、明進、明省、□□、明□、明□、顯□、顯住、顯□、顯□、顯□、顯和、顯聚、□□戒、□□人、□明□、盧明志、明□、明深。化主明蘊，外庫明星、副寺明曜、明敬，直歲明忠、明興，鐵器明喜。

燕京□州□山中盤法興禪寺住持山主明理與眾法眷等同共建塔立石。

□內司孟提點、門人劉元並孟百龍造塔。

薊州馬秀、劉德義刻石。[①]

① 見《北京圖書館藏中國歷代石刻拓本匯編》，智樸《盤山志》收入部分碑文。據許明《中國佛教金石文獻·塔銘墓志部》拓本錄文。上海書店出版社，2018年，第2226—2227頁。

七、定名少林寺

全真教在第二次佛道辩论后，再也没有形成与佛教抗衡的局面，佛道之争经过蒙古政权的斡旋，也渐渐缓和。但是，那些被道士退还的寺院，该如何分配？是原先离开的僧人回归，还是被佛教统一接手后进行"二次分配"？

按前述，法兴寺复名之后的住持先是荣公大师，之后是明理和尚。笔者之所以反复强调这一点，是为了说明法兴寺在佛道第二次辩论后交回僧人的过程是基本顺畅的，至少在文献中看不到波折。但是，佛教不同文献对这个问题采取了类似于佛道之辩的不同态度，其间暗含了佛教各教派在全真教失势后借机光大门庭，进而扩充丛林的隐线。此时，盘山本土佛教与外部佛教之间，事实上进行了一次新的融合。

佛道第二次辩论后不久，元中统年间（1260—1264），在佛道之辩中立下大功的福裕大师主持燕京万寿寺，声望达到极致。圆让所撰《云威禅师塔记》（图7.1）载，他委托云威禅师前往蓟州，此行目标，就是已经复名的法兴寺：

图 7.1 《云威禅师塔记》

方是时，蓟州盘山法兴虚席，命师立僧接武。明年，新巢云轩，仍以巢云自号。宣政院使脱因公为之外护，具奏朝廷，特慰祐更法兴为北少林禅寺。①

云威禅师是法兴寺更名北少林禅寺的关键人物，生年不详，卒于"至元戊子秋八月二十三日"②，即至元二十五年（1288），山西太谷人，侯氏子，幼业儒，高才博识。元中统年间，云威经玉山推荐，入万寿寺职主药藏，随福裕大师修行，后被福裕派往盘山法兴寺，立僧接武，将寺院纳入曹洞宗体系。脱因作为云威禅师的"外护"，"具奏朝廷"改法兴寺为北少林禅寺。

史料显示，云威禅师是福裕大师的"法子"，即接受寺院授记的接法之人，列大都崇庆戒行禅师之后，藁城西寺惠全禅师之前。③他的到来，也意味着嵩山少林寺的禅武进入盘山。④

由上可见，北少林寺是福裕大师在佛道第二次辩论后，借机拓展曹洞宗影响的产物。《云威禅师塔记》所谓"蓟州盘山法兴虚席"，掩盖了荣公大师和他的弟子在法兴寺复名后"重修绀宇，以旧惟新"的作为，倒是为云威禅师的到来营设了一个熨帖的语境。

目前，无法确知法兴寺更名北少林寺的具体时间，大致在公元 1263 年之后不久。

云威禅师接收法兴寺的细节，已无从考证，但他对法兴寺的

---

① 北京图书馆金石组《北京图书馆藏中国历代石刻拓本汇编》第四十八册，中州古籍出版社，1991 年，第 111 页。

② 北京图书馆金石组《北京图书馆藏中国历代石刻拓本汇编》第四十八册，中州古籍出版社，1991 年，第 111 页。

③ 见《大元赠大司空开府仪同三司追封晋国公少林开山光宗正法大禅师裕公之碑》，此碑还记载福裕大师的"重法孙"中有"盘山遇庵主"，不知为何人。转引自叶德荣《宗统与法统：以嵩山少林寺为中心》，广东人民出版社，2010 年，第 310—311 页。

④ 盘山北少林寺"立僧接武"应该没有形成传统。笔者没有检索到金元之后北少林寺与武术直接相关的史料。

改造，应该谈不上一帆风顺。《云威禅师塔记》称彼时"法兴虚席"，显然是不合史实的。为什么圆让撰写塔铭时留下此言？应该包含了为云威"正名"的潜在意图。当时，法兴寺僧人可能并不情愿把寺院交给云威，从明理立荣公大师为法兴寺开山第一代住持的举动中，能够读出为本门立威、与曹洞宗抗衡的意涵，否则云威也不会借助脱因的帮助为寺院更名。而且，时间节点是如此微妙，荣公大师刚刚圆寂，新任住持明理可能还无法阻止势头正盛的曹洞宗，对带着使命的云威而言，恰恰是接手寺院的绝好契机。这个过程难以详考，毕竟属于佛教内部事务，且为当时的佛教领袖福裕授意，故不会引发诸如佛道的冲突。

福裕在盘山光大曹洞宗的愿望没有完全实现。元朝统治者后来确立了藏传佛教的国教地位。参与第二次佛道辩论的八思巴大师也是在中统年间被忽必烈封为国师，授以玉印，成为天下释教的统领。福裕大师所代表的曹洞宗，也未能朝着他理想中的方向继续发展，盘山北少林寺尽管是大师授意所立，且有朝廷更名的背景，也难称显赫。

那么，盘山北少林寺与嵩山少林寺到底是什么关系？从现有史料看，不能否定两者的渊源，也不宜过分夸大。即便盘山北少林寺由福裕委派云威"立僧接武"，承接嵩山少林寺传统，也很难确称其为嵩山少林寺下院或分院。

元大德三年（1299）《宣授少林提举兴福普照藏云大师山公庵主塔铭并序》列出嵩山少林寺的"护持诸院门"，其中没有盘山北少林寺。今存于嵩山少林寺的元至元（后）二年（1336）铁钟铭文中，明确写出的"本寺下院"31座，也不包括盘山北少林寺。叶德荣《宗统与法统：以嵩山少林寺为中心》援引这两则史料认为，少林寺下院体系与嵩山少林寺是归属关系，表现在宗统与法统两个方面，宗统上的归属是财产权归属，法统上的归属是宗派教义归属，少林寺下院的宗统色彩更为明显。[1] 此论颇为精辟，但叶德荣所引史料恰恰难以反映出盘山北少林寺与嵩山少林寺宗统上的归属。它们在法统上的关系显然更紧密一些，即福裕大师早期布局的少林寺"丛林寺院"[2]。彼时，福裕在和林、燕蓟、长安、太原、洛阳等地所建少林寺，均属该性质。

金元之际法兴寺频繁更名的故事算是告一段落。我们如何看待这段跌宕起伏的历史？陈垣在写于20世纪60年代的《南宋初河北新道教考》中提到，包括全真教在内的"新道教"在金元易代之际对保全中华文化发挥了作用：

> 三教祖皆北方学者，而能以宽柔为教，与金元二代相终始，殆所谓化胡工毕，于以西升者耶，不然，何其适也。呜呼！自永嘉以来，河北沦于左衽者屡矣，然卒能用夏变夷，远而必复，中国疆土乃愈拓而愈广，人民愈生而愈众，何哉？此固先民千百年之心力艰苦培植而成，非倖致也。三教祖之所为，亦先民心力表见之一端耳，故乐得而述之（图7.2）。[3]

陈垣的观点自有依据，但不必望文生义。不可否认的是，彼时佛道之间最突出的时代表征是冲突和共生。从盘山与北少林寺的微观视角观察，首先，盘山地区是金元之际不同宗教从博弈到共生的见证。尽管全真教在盘山"昙花一现"，并不意味着道教

---

① 叶德荣《宗统与法统：以嵩山少林寺为中心》之《导言》，广东人民出版社，2010年，第32—34页。

② "丛林寺院"一说，亦见叶德荣《宗统与法统：以嵩山少林寺为中心》之《导言》，笔者借用并加以引申，以此说明盘山北少林寺与嵩山少林寺的关系。

③ 陈垣《南宋初河北新道教考》，中华书局，1962年，第4页。陈垣所称"三教"即全真、大道、太一三教。关于全真教的历史贡献，亦可参姚从吾《金元全真教的民族思想与救世思想》。杨讷对姚氏此文有过商榷，认为"随意拔高丘处机和全真道的历史地位"，见《丘处机"一言止杀"考》之"早期全真道与方技的关系及其他"。

二曲、顏習齋之倫講學相類，不屬以前道教也。迨儒門收拾不住，遂爲道家扲去，然固汴宋遺民也，而錄宋遺民者多忽之，豈入元以後有遺民，入金以後非遺民耶，可謂大忘也矣。 六十年前，東莞宗人友玥先生撰長春道教源流，始稍稍闡明之，今更發篋攤碑，究其本末。三教祖皆北方學者，而能以寬柔爲教，與金元二代相終始，殆所謂化胡工畢，於以西昇者耶，不然，何其適也。 嗚呼！自永嘉以來，河北淪於左衽者屢矣，然卒能用夏變夷，遠而必復，中國疆土乃愈拓而愈廣，人民愈生而愈衆，何哉？此固先民千百年之心力艱苦培植而成，非倖致也。三教祖之所爲，亦民心力表見之一端耳，故樂得而述之。元史釋老傳語焉不詳，可以此爲之注，宋金元史講義闕者，願以此爲補一章也。其諸君子亦有取於是歟！憶去年余撰明季滇黔佛教考成，曾以此編要旨語老友高閬仙先生，先生河北大儒，深韙其議，惜余稿未集，而先生已一瞑不視也，悲夫！

一九四一年七月新會陳垣識於北平勵耘書屋

图 7.2　陈垣《南宋初河北新道教考》内文

就此消隐，佛道在该地区共生是难以推翻的事实。其次，金元之际佛道所持教义不同，却都属于典型的中华本土文化。彼时佛教传入中国已逾千年，全真教也体现出显著的融合特征。本土宗教在与金、元少数民族政权的接触中，事实上发挥了文化沟通的作用。佛道博弈在少数民族政权的调和之下，虽有胜负输赢，但反观之，则是少数民族政权选择不同宗教政策并接受中原文化的过程。这个过程并不始于全真教，但是在全真教兴起的阶段表现得尤为突出。彼时的盘山，不仅在地理上处于不同政权的交界，也是文化交融的前沿。孙昌武指出：

> 当初那些北方民族南下，无例外地被掠夺财富、人口的利欲所驱动，伴随着残酷的劫掠杀戮；他们建立政权后，一般又都实行民族歧视与压迫，给所统治地区的各民族民众带来灾难。但是，不论那些率领大军南下的北方民族渠帅们和这些民族的统治阶层的主观愿望如何，当他们做出南下汉地并在汉地建立政权的决策，就已注定他们正在引导这些民族大步走向历史进步与民族发展，走向融入中华民族大家庭的康庄大道。而就客观历史进程说，自这些民族兴起伊始，到他们入居汉地，即在持续地接受汉地先进的政治、经济、文化等领域悠久、优秀的传统，又在这些领域做出各自的贡献。[1]

---

[1] 孙昌武《中国古代北方民族与佛教》之"结语"，中华书局，2020年，第537—538页。

智朴《盘山志》的错误记载

有必要重新检视智朴《盘山志》对北少林寺的记载。他对几个年代的考证，都晚了一个甲子。

按本书第四节所述，智朴《盘山志》引《辨伪录》记载时，在"亥子年间"后加按语"即宋德祐年"。"亥子年"实为金宣宗贞祐三年（1215）至贞祐四年（1216），恰比智朴所记早60年。

《盘山志》还载，至元壬午年道士张志格等游盘山。至元壬午为公元1282年，前推一个甲子为公元1222年，与法兴寺被道士占据的时间基本吻合。

智朴又称，至正中巢云威禅师主法兴寺。至正年为公元1341年至1368年，前推一个甲子，也大体符合史实。①

这几处错误如此一致地晚了一个甲子，显然有因。智朴为什么会屡屡出错？检其《盘山志》所录《圆让北少林寺云威禅师塔记》，与《云威禅师塔记》拓片相较，共有三处明显错误：一是将云威圆寂时间录为"至正戊子（1348）秋八月二十三日"。塔记拓片为"至元戊子（1288）秋八月二十三日"，比智朴所录早了60年。二是将圆让撰《云威禅师塔记》的时间录为"至正九年（1349）己丑四月日"，实则"至元二十六年（1289）岁次己丑夏四月"，也比智朴所录早60年。三是智朴录入"师尝谓脱公曰……"一句，塔记中不见，可能是整理抄录时看错对象，导致误录。② 这应该是他在北少林寺年代问题上频频出错的主要原因，并误导了乾隆的《钦定盘山志》，后者直接将智朴的错误照录而未加考证。

吴景仁《〈钦定盘山志〉中的误记》亦指出智朴错误，并称：

① 智朴的这两则记载见《盘山志》卷三"少林寺"条，中国书店，1997年，第157页。

② 智朴所录见《盘山志》卷二"圆让北少林寺云威禅师塔记"条，中国书店，1997年，第104—105页。

"溯其根源，钦定志的失误来自智朴《盘山志》，但智朴志又来自元代祥迈的《辨讹录》。至于祥迈《辨讹录》是如何记载的就不得而知了。"① 按前述，《辨伪录》关于北少林寺的记载是非常明确的，可惜智朴错误地解读了"亥子年"。

需要说明的是，尽管智朴对北少林寺历史有误读之处，但并不能据此否定《盘山志》的历史地位。总体上，智朴在撰写山志时采取了非常审慎的态度。一个明显的例子是，他对盘山佛教遗存的表述，先是述其大概，然后摘引碑文，前者坚持己见，后者尽量照录，两者的抵牾之处，智朴搁置不评。比如，他在记定光佛舍利塔时说："定光佛舍利塔，未详其始，在挂月峰上，相传除夜有佛灯之异。"② 紧随其后，他照录傅光宅《重修佛舍利塔记》的文字，其中就有"唐道和中智源禅师建"③ 的表述，但智朴并没有采信此说，而是坚持"未详其始"。这显然是一个非常谨慎的立场。

---

① 吴景仁文见天津市蓟县盘山志编修委员会《盘山志》，天津社会科学院出版社，2005年，第476—477页。

② （清）智朴《盘山志》卷一，中国书店，1997年，第68页。

③ （明）傅光宅《重修佛舍利塔记》，收入智朴《盘山志》卷一，中国书店，1997年，第68页。

薊州盤山北少林禪寺住持威公大禪師塔記

圓讓

　　李肇《國史補》曰：崔趙公問徑山法欽道人，"弟子出家得否？"欽曰，"出家乃大丈夫事，非將相所能為。"趙公歎賞其言。余謂抗力霜雪，平步雲霄，興丈夫事，鄙將相為，威公大禪師斯其人也。公儒家子，高才博識，素有令譽。方壯歲，一旦棄榮捨業，下髮被褐，習最上乘，了第一義。工巧農賈，不以為辱；師範人天，不以為榮。豈非興丈夫□□相哉！原其里，河東太谷戴村人，雲威名也，侯其姓也。師同郡公長老，謹弟子禮，朋遊講肆，慧辯倫出。聞玉山博達公法席之盛，走謁依之，遂為入室之列。俾主堂司，怡懲海眾，光弼叢林，有雲峰悅之規度。中統間，都總統少林大宗師事屆玉山，一語相得，驛負之燕。一居萬壽，職主藥藏，雖修竇穴擾，無日不參，鉗錘日久，重賡子印。方是時，薊州盤山法興虛席，命師立僧接武。明年，新巢雲軒，仍以巢雲自號。宣政院使脫因公為之外護，具奏朝廷，特旨慰祐，更法興為北少林禪寺。於是涉艱創業，冒儉興庄，增其所無，成其所有，巋然一代之偉望也。居無何，□□主大都之萬安，檀門德仰，寺政謹嚴，擬興樹間，以微疾告終，至元戊子秋八月二十三日也。闍維畢，門第□□靈骨，具葬於兩大刹。北少林塔之工畢，小師智感賁師行實，乞記於余，報曰："師之行業學德諸方戶知之，□□余文，然後記哉！余拙於古文，有辱師之明德，安敢措筆？牢辭，愈弗果，遂書之。

　　萬壽東川圓讓記。

　　皆大元至元二十六年歲次己丑夏四月日。

　　僧門人智隨、智寧，提點智通，監寺智感，維那智達，直歲智用等建塔立石。

　　漁陽劉德義造刻。[①]

① 见《北京图书馆藏中国历代石刻拓本汇编》，智朴《盘山志》收入部分碑文，有误
　　录之处。据许明《中国佛教金石文献·塔铭墓志部》拓本录文，上海书店出版
　　社，2018年，第 2299—2300 页。

八、僧人的修行

随着佛道之争的结束，北少林寺进入一个平稳发展期，这个阶段持续到元末，也可称其为向明清世俗化时代的过渡期。文献中找不到该阶段北少林寺的记载，但《渔阳盘山少林寺安练魔期三载碑记》填补了文献的空白。[①]

2023 年 7 月，就在"灵光独耀：蓟州多宝佛塔出土文物保护成果展"撰写大纲之际，天津市文化遗产保护中心从蓟州区老乡手中偶然征得此碑，并将其作为多宝佛塔出土文物研究和原创展览的重要实物资料（图 8.1）。此碑自周肇祥 1931 年写入《盘游日记》后，近百年来首次公开现身。

练魔期碑已残，但碑首录"少林寺"三字，可证是法兴寺更名北少林寺之后所立。碑文用"少林寺"而不是赐名的"北少林禅寺"，是元代僧众和后世文献的俗称，"北少林禅寺"这个官方名字倒是少见于文献。残存的碑文识读（图 8.2）如下：

---

① 为方便起见，笔者简称此碑为练魔期碑。

图 8.1 练魔期碑被发现 白俊峰摄

渔阳盘山少林寺安练魔期三载碑记（第一行）；

金台大兴永福沙门圆□（第二行）；

盖闻善之集于家庭者，不论大小而为之，故善必修（第三行）；

谓也，今观延公可见矣。公号寿堂和尚，其先也，族（第四行）；

融智海于胸中，耸义山于言下，然得旨穷源，独推（第五行）；

界之含识，外包六经而为羽为翼，内精三藏而作（第六行）；

江皓月，身披铠甲，坏生死魔军，心蕴定力，为佛法（第七行）；

诚心结制，练魔期三载而有始有终。出言则典行（第八行）；

图 8.2　练魔期碑拓片　白仁杰拓

□泰□清，家家咸作太平人，处处总为安乐界，□（第九行）；

……好事故（第十行）。

《艺风堂金石文字目》录有此碑信息："炼魔期碑。沙门圆玉撰并正书。额正书。在顺天蓟州。"[1] 此碑民国时已残，但尚在北少林寺，周肇祥《盘游日记》称："孙星衍《京畿金石考》列于元代，或曾见未泐之本耶。"[2] 但查《京畿金石考》，却未见记载。《盘山金石志》录残碑拓本，同时单收碑头拓片。碑头上勒"炼魔期碑"四字，相关著录也多从之，但碑文则写为"练魔"。[3] 笔者引碑文时从"练魔"二字。

此碑碑文的撰者圆玉，还曾撰《重修法兴寺碑记》。樊彬《畿辅碑目》载："修法兴寺碑，圆玉，蓟州少林寺。"[4] 孙星衍《京畿金石考》也载："元重修法兴寺碑记，僧圆玉撰，在盘山少林寺。"[5] 按前述，周肇祥《盘游日记》中所谓"孙星衍《京畿金石考》列于元代"之说，指的应该是《重修法兴寺碑记》。周氏可能记忆有误，将练魔期碑与此碑混淆。圆玉撰《重修法兴寺碑记》的时间应该在栖云观更名法兴寺之后，记录的是荣公大师对法兴寺的重修。可惜此碑今已不见，碑文也佚。

---

① （清）缪荃孙《艺风堂金石文字目》卷十七，收入《缪荃孙全集·金石》第一册，张廷银、朱玉麒主编，凤凰出版社，2014年，第518页。

② 周肇祥《盘游日记》，《艺林月刊·游山专号》第二卷《盘山》专号，第16页，天津市文化遗产保护中心藏本。

③ 天津盘山风景名胜区管理局《盘山金石志》，天津古籍出版社，2013年，第51页。

④ （清）樊彬《畿辅碑目》卷下，民国二十四年（1935）河北博物院排印本。樊彬，字质夫，号文卿，天津人，道光五年（1825）授冀州训导，后任湖北远安知县、建始知县。好金石，搜罗碑刻二千余种，多为乾嘉名家所未见，著有《问青阁诗集》。

⑤ （清）孙星衍《京畿金石考》，收入《京畿金石考；北平金石目；京兆古物调查表》，李洪波点校，北京出版社，2020年，第49页。

周肇祥民国时期游北少林寺时，在寺内见到了练魔期碑，虽已残破，但比现存的要完整一些。《盘游日记》摘录了碑文部分内容，可补残碑之阙：

> 读安炼魔期三载碑，金台大兴永福寺沙门圆玉撰，云延公寿堂和尚，究十二部之玄文，度三千界之含识，外包六经为羽翼，内精三藏为肺肠。纠率众信，结制炼（碑文中为"练"，周肇祥所记有误）魔三载。浇薄者扇以和风，焦枯者沃以膏雨，四生咸出迷津，六道同登觉岸。①

碑文所录"延公寿堂和尚"，目前找不到文献记载。他"诚心结制，练魔期三载而有始有终"。如此长时间的修行，足证当时北少林寺拥有稳定的外部环境。圆玉是金台（今北京市）永福寺僧人，应该是受延公寿堂和尚之请撰文，可见彼时盘山僧人与周边互动密切。这得益于相对安适的社会氛围，僧人能够休养生息。碑文中的"家家咸作太平人，处处总为安乐界"也显示了这种语境。"太平人"一词多见于古人诗词，唐代宋之问《寒食还陆浑别业》："野老不知尧舜力，酣歌一曲太平人。"南宋陆游《初夏绝句》："纷纷红紫已成尘，布谷声中夏令新。夹路桑麻行不尽，始知身是太平人。"

碑文的"结制"，即结夏，又称安居、坐夏，等等。南宋吴自牧《梦粱录》"僧寺结制"：

> 四月十五日结制，谓之"结夏"。盖天下寺院僧尼庵舍设斋供僧，自此僧人安居禅教律寺院，不敢起单云游。自结制后，佛殿起楞严会，每日晨夕合寺僧行持诵经咒，

---

① 周肇祥《盘游日记》，《艺林月刊·游山专号》第二卷《盘山》专号，第15—16页，天津市文化遗产保护中心藏本。

燃点巨烛，焚爇大香。或有寺院，朝廷降赐钱会、匹帛、金银钱，启建祈忏会四十九昼夜，每日六时修忏，祈国安民，其僧人一刻不敢妄出，斋戒严肃。不敢触犯，神天报应在目前。大刹日供，三日或五日换堂，俱都寺主办，皆十万檀信施助耳。盖孟夏望日，乃法王禁足、释子护生之日，自此有九十日，可以安单办道。是月，园圃瓜茄初生，禁中增价市之，进以赏时新。内侍之家及府第富室，亦如此。①

　　结制为遵从印度佛教原制的一种修行方式。印度每年夏季雨量大增，河水上涨，对云游行脚的出家人带来诸多不便，印度婆罗门教等均有雨季安居的习俗，后固化为修行方式。结制原为四月（前安居）或五月（后安居）十五日，相对应的解制则在七月或八月十五日，但从元代以来，各提前一日讲习礼仪，以便期内专心修道。另外，每年从十月十五日到次年正月十五日的九旬期间，丛林也有结制的惯例，称为结冬。张伟然认为，由于安居对寺院的僧团规模及经济实力有一定要求，因而并不是所有寺院都能实行安居之制，只有较大型的正规寺院才有条件。②

　　延公寿堂和尚结制三年，应该是一个笼统的说法，并非三年内全部按照结制的方式修行。三年内每年集中时间结制，更加符合实情。其间，僧人调伏心魔，即所谓"身披铠甲，坏生死魔军"。"生死军"一词多见于佛教经典。

　　《盘山古刹祐唐寺重铭碑记识》亦载："然儒尊士行，僧论德业，丛林胜事，始自怡庵。炼魔开讲，阅藏□经，重理山门，

①　（宋）吴自牧著，符均、张社国校注《梦粱录》卷三，三秦出版社，2004年，第37—38页。《梦粱录》卷五载"解制日"：七月十五日，一应大小僧尼寺院设斋解制，谓之"法岁周圆之日"。自解制后，禅教僧尼，从便给假起单，或行脚，或归受业，皆所不拘。"解制"与"结制"相对应。

②　张伟然《寺院映现的中国》，上海文艺出版社，2019年，第187页。

增修堂舍，凡为善事……"①此碑立于明嘉靖十五年（1536），"炼魔"是古人的惯用写法并沿袭至今，与练魔期碑中的"练魔"意同。

《俗语佛源》对"魔"有如下解释：

> "魔"是梵语 māra（魔罗）的省音。原来译作"磨"，梁武帝认为"字宜从鬼"，改成"魔"，沿用至今。"魔"意译为"杀者""夺命""能夺命者""障碍"等，亦作"恶魔"。一切扰乱身心、障碍修行的事物，均可称为"魔"或"魔障"。经中关于"魔"的讲法很多，主要有"四魔"为障：一是"烦恼魔"，即贪、嗔、痴等。二是"五阴魔"，即种种身心烦恼。三是"死魔"，即生死无常的威胁。四是"天魔"，即欲界第六天的魔王，名叫"魔波旬"（mārapapiyas），意译为"恶障"。据说他经常率领魔众到人间去破坏佛法。释迦牟尼"成道"前夕，曾在菩提树下降伏了魔波旬率领的魔军。《西游记》等神话小说中关于"魔"的描写都源于佛经。后来，用"魔""魔鬼"泛指一切恶徒邪术，也引申指神奇之事，如"魔术"等。（李明权）②

上引特别说明《西游记》等小说对佛经的借用，指出一个重要现象，即宋元以来佛道文化的相互影响。道教亦有"炼魔"，意为降伏魔障，克制欲念。《西游记》第三十五回讲道，太上老君的七星剑原为炼魔之用。小说虽是虚构，但依托的社会情境自有真实处。王志谨盘山传道时留下的道教经典《盘山栖云王真人语录》，不厌其烦地提及"炼心"，以此作为降伏"识神所化"之魔的修行之道："修行之人，静中境界甚有多般，皆由自己识

---

① 天津盘山风景名胜区管理局《盘山金石志》，天津古籍出版社，2013年，第6页。
② 中国佛教文化研究所《俗语佛源》，上海人民出版社，1993年，第271—272页。

神所化，因静而现，诱引心君。……心欲遣识，识神尚在，便化形象，神头鬼面，惑乱心主；若主不动，见如不见，体同虚空，无处住着，自然消散，无境可魔，无物可坏也。"[1]

王志谨还以道士修行为例，说明"炼心"之重要："昔有道人，心得休歇，一日坐间，忽见恶鬼无数，乘空而来，其人安定此心，体若虚空，冥然不辨，挤此一身，任生任死，其魔自散，为有主在，寂然不动，岂有魔魅？亦心未尽，故显此相，体性湛然，则自泯矣。"[2]此说有怪力乱神之嫌，但与儒、释均有融通处，或可作为佛教"炼魔"的旁解。

随着佛道文化的融合，僧人也会借用道士的修行之法。明代卢雍游盘山时，有诗称"老衲休粮如有病"[3]。"休粮"实际上就是道士的辟谷之法。这并非个案，而是盘山地区僧人普遍采用的修行方式。

总之，练魔期碑立于元代法兴寺更名为北少林寺之后，记录了僧人修行的日常，填补了该阶段文献的空白，对研究元代盘山地区的宗教文化具有重要价值。2023年10月，此碑在天津市元明清天妃宫遗址博物馆"灵光独耀：蓟州多宝佛塔出土文物保护成果展"中展出（图8.3），与多宝佛塔出土文物构建了一个北少林寺元代以来的实物编年序列，可谓历史性"重逢"。

---

① （元）论志焕《盘山栖云王真人语录》，转引自赵卫东、王光福《王志谨学案》，齐鲁书社，2015年，第305页。

② （元）论志焕《盘山栖云王真人语录》，转引自赵卫东、王光福《王志谨学案》，齐鲁书社，2015年，第305—306页。

③ （明）卢雍《中盘东麓有石壁奇峭，上刻红龙，池水四时不涸，修篁古木，掩映其间》，收入智朴《盘山志》卷七，中国书店，1997年，第260页。

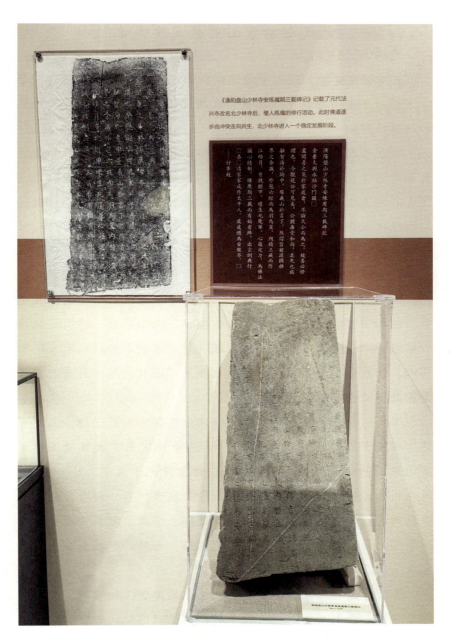

《渔阳盘山少林寺安练魔期三载碑记》记载了元代法兴寺改名北少林寺后，僧人练魔的修行活动。此时佛道逐步由冲突走向共生，北少林寺进入一个稳定发展阶段。

图 8.3 展览中的练魔期碑 白俊峰摄

元代之前盘山佛教发展述略

北少林寺金元时期频繁更名的故事已经讲完。在此，我们简单回顾一下盘山佛教元代之前的发展轨迹，这是一个以宗教为基本属性的时期。

唐代之前，盘山寺院处于"自然生长"状态，可称作佛教发展和寺庙建设的孕育期。文献记载，东汉时期盘山建有香林寺，该寺与河南洛阳白马寺同为我国早期佛教寺院。香林寺的出现，与佛教传入中国的时间大体吻合。但此说并非定论，目前缺乏可靠实证。至于北少林寺始建于魏晋一说，本书正文已有详细讨论，此不赘。据明代《宝峰德聚禅师行实碑记》载，感化寺为晋魏古刹，此说也属孤例，不足为信。总体而言，唐代之前盘山佛教发展缺少翔实可靠的文献记载和考古实证。但依情理，特别是联系古时燕蓟一代佛教发展的整体情况，唐之前盘山应该已有寺院和僧人，但数量和规模较小，影响也不大。因此，笔者将唐之前盘山佛教定义为孕育期。

唐代的蓟州是以典型的边地形象出现在诗人笔下的，高适有诗"碛路天已秋，边城夜应永"[1]，形象地道出了彼时盘山远离政治中心的边陲属性。唐代蓟州始设于开元十八年（730），由原幽州的渔阳、玉田、三河组成，治所在渔阳县，即今天的天津市蓟州区。安史之乱时，安禄山兼范阳、平卢、河东节度使，范阳节度使治所在蓟县，即今天的北京市。当时的蓟州和盘山地区也在范阳节度使辖下。

唐代是盘山佛教的发展期，大批寺院建成，初步构成盘山的寺院规模，盘山朝着佛教名胜发展，为辽时佛教的繁荣奠定了基础。贞观年间（627—649），尉迟敬德监造双峰寺，与唐太宗在

---

[1]　（唐）高适《同吕员外酬田著作幕门军西宿盘山秋夜作》，收入智朴《盘山志》卷七，中国书店，1997年，第254页。

各地广建寺刹，树立福川有关。[①] 贞观十九年（645）唐太宗驻跸盘山，留有《蓟丘览古》诗。延和元年（712），智源禅师建定光佛舍利塔。[②] 开元年间（713—741）始建千像寺。[③] 大约在贞元年间（785—805），高僧马祖道一弟子宝积禅师将禅宗引入盘山。宝积禅师是已知盘山最早的一位高僧大德，他的出现也标志着禅宗在盘山的兴起。宝积禅师弟子道宗、常实重修宝积寺（辽时更名感化寺，明代敕赐广济寺）。宝积禅师去世后，弟子普化襄助临济院主持义玄创立临济宗，普化因此成为临济宗从祖，盘山也成为临济宗在北方弘扬禅法的重要基地。唐代，盘山还建有天城寺（天成寺）、降龙庵（云罩寺）、天香妙祥寺、白岩寺、普济寺（甘泉寺）、香水寺、金山寺（四门塔）、上方寺等。该阶段在盘山住山建寺的多为禅宗高僧，这与唐代中后期禅宗的勃兴有直接关系。除上述宝积禅师和弟子，唐代盘山高僧还有晓方大师和他的弟子存奖禅师，以及在此潜修的志闲禅师等，其中以宝积师徒最为知名。

五代十国时期，盘山寺院遭受战乱冲击，文献载，千像寺毁于晚唐，辽时重修。但也应注意到，由于地方割据政权的保护，会昌灭佛对燕蓟地区佛教发展带来的破坏相对有限，史料中亦可见南方僧人亡奔幽州的记载，因战乱而剃发为僧者也大增。因此，彼时盘山佛教发展的环境比较复杂，不能一概而论。笔者认为，晚唐是盘山佛教承上启下的关键时期。敦煌文书 S·529 号背面所载范海印《诸山圣迹志》，记录了盘山寺院和僧人情况："寺

① 见智朴《盘山志》卷三"双峰寺"条，中国书店，1997 年，第 141 页。

② 定光佛舍利塔始建于唐代之说，见傅光宅《重修佛舍利塔记》所载，智朴在《盘山志》中则写为"未详其始"。见智朴《盘山志》卷一"定光佛舍利塔"条，中国书店，1997 年，第 68—70 页。

③ 千像寺建于唐开元年间之说，见智朴《盘山志》卷三，中国书店，1997 年，第 142 页。

院五十余所，僧尼一千余人。"①这条史料记载的寺院和僧人数量，远超智朴《盘山志》所录，可知当时盘山地区寺院规模已经十分可观，至清代乾隆时期盘山寺院发展到顶峰阶段，也不过留存了50座。②

后晋天福元年（936），后晋开国皇帝石敬瑭（后唐河东节度使）反唐自立，将燕云十六州割让给契丹，辽国的统治疆域扩展到长城沿线，盘山也归入辽国统治。

辽代，盘山佛教在唐代的基础上进一步向前发展，进入繁荣阶段。辽会同二年（939）二月，辽太宗耶律德光游盘山。辽统和八年（990）三月，辽圣宗耶律隆绪游盘山诸寺。辽时蓟州属南京道，北京及周边地区的政治地位迅速提升，再加上此前佛教发展奠定的雄厚基础，该地区佛教呈兴盛态势，盘山也多出经律义学高僧。彼时，盘山佛教的兴盛与该地区由边疆向辽朝区域政治中心转型有直接关系。盘山地区高僧受到辽朝统治者重视，非觉大师奉诏赴中京入内说法，辽兴宗赐紫衣一件，授法号"仪范大师"。非浊大师亦受恩宠，加检校太傅太尉，授号"忏悔主菩萨戒师"。等伟大师精通经律之学，授紫方袍一件，加号"慈辩大师"。千像寺规模宏大的线刻佛造像主要刊刻于辽代，部分保留了晚唐风格，是观察佛造像艺术在北方地区传播发展的重要实物，寺院也进行了三次扩建。《盘山千像祐唐寺创建讲堂碑》立于辽统和五年（987），详细记录了寺院增建讲堂的过程。辽天显十一年（936）重修白岩寺。辽时，盘山寺院经济发达，凸显了寺院和僧人的社会地位。

金元时期，可统称为盘山佛教的动荡期，以佛道之间的冲突为显化特征。其中，佛教在金朝有一个短暂的较为稳定的发展阶

---

① 参见张郁萍、陈双印《五代后梁、后唐时期河北地区佛教》，《敦煌学辑刊》2007年第2期。

② 该数据取自周璐《清代盘山佛教研究》，南开大学2016年博士论文。

段。金大定二十六年（1186）九月，金世宗完颜雍游香林、净名寺，十月又游上方、中盘、天香、感化诸寺。该阶段，密宗和曹洞宗相继传入盘山地区，前者以感化寺为代表，后者以甘泉寺为代表。知玲大师参嵩山少林英公，皇统年间（1141—1149）入感化寺弘扬密宗。行通和尚受邀任甘泉寺住持，弘扬曹洞禅法。金朝还重修了香水寺、白岩寺、瑞云庵等。金蒙战争对盘山佛教发展带来重要影响，北少林寺在金元之交经历佛道冲突。智朴《盘山志》收入祥迈、圆悟赈、云威、幸安、永晖、明理等元朝僧人传略。其中，祥迈撰《辨伪录》，记录了佛道的冲突。云威禅师是法兴寺更名北少林寺后第一任住持。圆悟赈、幸安禅师是法兴寺振公长老父亲海山本无和尚的弟子。永晖即圆照大师，是幸安禅师弟子。这些僧人都与北少林寺有些渊源。练魔期碑记载的延公寿堂和尚，也是元代盘山高僧。

九、重修与借宿

公元 1368 年正月，朱元璋在南京建立明朝，年号洪武。明洪武元年（1368）七月，明军沿运河达天津，后占通州，八月进逼大都，元顺帝仓皇北遁。当年，大都改北平府，次年又置北平行省。明洪武九年（1376），明朝改行省为承宣布政使司，于是撤渔阳县入蓟州，辖玉田、丰润、遵化、平谷四县，蓟州自此成为地名而非州治之称，属顺天府。盘山寺院经历元明鼎革后，也迎来一个全新时代。

从明代开始，北少林寺进入一个新的历史时期，伴随着宗教的不断世俗化，僧人渐渐退出历史舞台的中央，我们在文献中再也看不到金元之际跌宕起伏的故事，取而代之的是观看者——皇帝、文人等对寺院历史的层累塑造。他们通过诗文、绘画等形式，在对寺院的吟诵和描绘中，不断为寺院注入新的文化内涵。相对于金元时期的历史记载，这些文本缺乏戏剧性，但恰恰反映了盘山人文史转型的真实状态。

明代盘山寺院最显著的特点是，精于义理的高僧大德较前代锐减，寺院的公共属性增强，与现实社会的互动更加密切，文人游山也日渐增多。至清代，山林佛教的世俗化继续发展，上述特点更加明显。

经历元明鼎革的震荡后，社会逐渐趋于稳定，盘山寺院进入历史上的一个重修高峰，大批寺院得到修缮。智朴《盘山志》收入的《宝峰德聚禅师行实碑记》，明成化八年（1472）十一月立于北少林寺，记录了宝峰禅师对感化寺、北少林寺的重修。①《盘山金石志》照录《宝峰德聚禅师行实碑记》，还收入《少林寺成化碑》残文。按本书第三节所述，《少林寺成化碑》实际就是《宝峰德聚禅师行实碑》。②

宝峰禅师是明代盘山佛教史中一位举足轻重的高僧。禅师名德聚，号宝峰，俗姓赵，金陵世家，祖上谪戍顺天府玉田（今河北唐山玉田县），遂为玉田人，生于明永乐十一年（1413），五岁"尝于空中见楼阁隐隐之状"，十岁时父母将其送至盘山北少林寺出家，从母舅随公，后云游各地。天顺六年（1462）③，禅师在年过半百之际回到盘山，开始重修感化寺：

> 游盘山，慨然叹曰："吾少时于此往还，今已踰半百矣。况感化为魏晋（碑文实为"晋魏"）古刹，毁于兵燹，久不能复，吾徒碌碌于世，而无益于教也。"乃捐己资，兼募众缘，以图兴建。三年，而崇台广殿，岿焉焕焉，庖湢

---

① （明）柯潜《宝峰德聚禅师行实碑记》，收入智朴《盘山志》卷二，中国书店，1997年，第108—109页。

② 天津盘山风景名胜区管理局《盘山金石志》，天津古籍出版社，2013年，第48、52页。

③ 智朴《盘山志》"感化寺"条，将宝峰德聚禅师重修感化寺的时间写为"明天顺八年壬午"，有误。见智朴《盘山志》卷三，中国书店，1997年，第137页。天顺壬午年实为天顺六年，即公元1462年。天津市蓟县盘山志编修委员会《盘山志》照录智朴记载，天津社会科学院出版社，2005年，第109页。

廪庾，高明弘丽，像设庄严，咸臻精妙。渔阳之人，莫不举手加额，以为神助。事闻于上，赐名广济，命同师弟白岩森禅师主之。①

感化寺"毁于兵燹"，应该在元末明初易代之际，至禅师重修时，已近百年光阴。禅师耗时三年，"事闻于上"，感化寺遂敕赐广济寺。

感化寺重修后不久，禅师又开始重修北少林寺：

　　成化己丑，复爱少林溪涧萦回、峰峦秀丽，实早年发躬之地，不忍忘其本源，悉倒囊倾囊，修其敝，廓其规。东作观音堂，西作明月堂，中作方丈，左右僧舍以备游憩，旁因龙池作竹坞蔬圃，以俟优老，诚一方之壮观也。②

这段记载是观察明代北少林寺的重要史料。宝峰禅师"复爱少林溪涧萦回、峰峦秀丽"，又因为这是自己早年的"发躬"之地，遂于明成化五年（1469）"修其敝，廓其规"，在寺院东作观音堂，西作明月堂，中作方丈，左右僧舍供客人游憩，还在红龙池旁作竹坞蔬圃。

古代寺院作为能够直接与普通民众互动的公共场域，从来都不是封闭的，古人游山时多宿僧舍。辽代李仲宣《盘山千像祐唐寺创建讲堂碑铭》载："保宁四年，又建厨库、僧堂二座，俾爨馐之有所作也，宾旅之有所归也。"③辽时，盘山寺院僧堂

---

① （明）柯潜《宝峰德聚禅师行实碑记》，收入智朴《盘山志》卷二，中国书店，1997年，第109页。

② （明）柯潜《宝峰德聚禅师行实碑记》，收入智朴《盘山志》卷二，中国书店，1997年，第109页。笔者引该段文字时对句读有所改动，谨作说明。

③ 天津市蓟县盘山志编修委员会《盘山志》，天津社会科学院出版社，2005年，第114页。

具备招待宾旅的功能。宝峰禅师将北少林寺僧舍作为游憩之地，亦可印证明代游山之风的炽盛。这种风气一直延续到清代，天津盐商查为仁游盘山时曾夜宿天成寺：

> 日已没矣，共借僧榻止宿。少间，星月在林隙间，万籁无声，清磬泠泠，佛香掩冉，所谓"灯影照无睡，心清闻妙香"也。相与倚槛联句，至月落方各就枕。①

查为仁笔下的天成寺，笼罩在"万籁无声，清磬泠泠，佛香掩冉"的诗意中，也激发了他和友人的诗兴。寺院建筑、造像等往往凝聚了古人非凡的艺术创造，再加上附着于这些物质形态之中的历史文化，成为触发诗意、涤荡灵魂的重要载体。因此，我们可以将寺院看作传统文化中能够直达精神世界的重要通道。尤其是那些散布山林的古道场，与自然环境融合为一个拥有自然、人文双重"观看"价值的空间场域，不仅满足了游、住等物质需求，更是文人表达情感的"文学母题"。这是佛教山林传统的重要表现，与佛教的修行观和佛国净土的理想世界相契合，又蕴含了隐逸出世、亲近林泉、追求天人合一等传统思想观念。

再以北宋时期苏轼被贬黄州的经历为例。黄州期间，苏轼从政治明星成为因言获罪的被贬之人，地处偏远，生活清苦，之前的一些好友也唯恐避之不及。生活的困顿、境遇的萧索，让他短暂抽离现实，渐有万念皆空的出世之意。其中，黄州安国寺是苏轼经常流连的场所。在《黄州安国寺记》中，他如此记录到安国寺的经历："得城南精舍曰安国寺，有茂林修竹，陂池亭榭。间一二日辄往，焚香默坐，深自省察，则物我相忘，

---

① 见查为仁《蔗塘未定稿》之《蔗塘外集》所载《游盘日记》。

身心皆空，求罪垢所从生而不可得。一念清净，染污自落，表里儵然，无所附丽，私窃乐之。旦往而暮还者，五年于此矣。"①安国寺是苏轼的"一念清净"之地，他将身心托付给这方净土，以此来诗化生活、填充内心世界，达到精神的富足与安宁。②安国寺地处黄州"城南"，大致可归入都市佛教的范畴，对苏轼黄州期间实现精神升华和思想转折起到了重要促进作用。

在这种传统的影响下，历代文人对盘山多有吟诵和记录，但正是从明代开始，文人游盘日增，这恰恰与盘山佛教的世俗化特征相吻合。文人对北少林寺的描写，也始见于明代。刘侗《盘山记》称："盘有三：下盘泉，上盘塔，中盘寺，少林寺也。寺傍红龙池，水鲜崖老，肤寸可惜，乃凿龙于壁而朱之，因名以讹，非所由名也。"③这是笔者所见对北少林寺的最早文学记录。

明代还出现了文人结伴游盘的现象，镇守蓟州十六年之久的戚继光④，曾招刘应节⑤等人同游寺院并留诗。卢雍⑥也是明代结伴游盘的代表，同于范⑦等人于正德十年（1515）十二月二十九日游山时，在上方寺和北少林寺附近留下题刻（图9.1）。

---

① 见《苏东坡全集》卷五十八，北京燕山出版社，2009 年，第 1558 页。

② 本段所述，见白俊峰《从来爱物多成癖：北宋收藏文化及其观念摭谈》，天津社会科学院出版社，2021 年，第 200—201 页。

③ （明）刘侗《盘山记》，收入智朴《盘山志》补遗卷一，中国书店，1997 年，第341 页。刘侗，字同人，号格庵，湖广麻城县（今湖北麻城）人，明崇祯七年（1634）进士，后升夷县知县，履职途中逝于扬州，有《帝京景物略》。

④ 戚继光，字元敬，号南塘、孟诸，明朝抗倭名将，军事家、书法家、诗人。明万历二年（1574）在东南沿海荡平倭患之后，北调京师，总理蓟州、昌平、保定练兵事务，后任总兵，镇守蓟门，积极修防备战，屡次击败来犯之敌。

⑤ 刘应节，字子和，山东潍县人，明嘉靖二十六年（1547）进士，在山西、河南等地做官，后成为张居正内阁成员。万历四年（1576）回乡建麓台书院，去世后追赠太子少保。刘应节曾统管蓟、辽等地军务。

⑥ 卢雍，字师邵，江苏吴县（今苏州吴中区）人，明正德六年（1511）进士，授监察御史。明正德十三年（1518）以监察御史巡抚四川，有惠政，后迁四川提学副使，未到任而卒，有《古园集》。

⑦ 于范，字觉甫，号廪邱，山东郓城人。明弘治十八年（1505）进士，官至浔州知府。

图 9.1 于觉甫、卢雍游山题记
杨新摄

　　卢雍有多首诗作记盘山，其中一首描写红龙池之景："行
过中盘再计程，红龙池水四时清。疏篁自傍幽岩出，古树偏当
绝涧横。老衲休粮如有病，好山与世本无情。舆台莫喝松间道，
险语先教鬼魅惊。"[1]卢雍所指"老衲"应是北少林寺僧人，因"辟
谷"而尽显病态。"险语先教鬼魅惊"取意于韩愈《醉赠张秘书》
诗"险语破鬼胆，高词媲皇坟"，以表现北少林寺山林之幽。
　　今北少林寺旁的红龙池留有卢雍题记："正德十年十二月
二十九日，户部郎中于觉甫拖子同登上盘，即下，小憩池上因题。

---

① （明）卢雍《中盘东麓有石壁奇峭，上刻红龙，池水四时不涸，修篁古木，掩映
　　其间》，收入智朴《盘山志》卷七，中国书店，1997年，第260页。

图 9.2 卢雍、于觉甫游盘山题记 杨新摄

监察御史古吴卢雍师邵记。"（图 9.2）此时距宝峰禅师重修北
少林寺已过去 40 余年，不排除卢雍等入北少林寺游览。

文人进山，寺院当然要提供必备的服务。除了把僧舍作为
休憩之地，饮食也以当地特产为主。山林野卉做成的餐饭，在
文人笔下甚至与涤荡尘俗、萧旷心神联系起来，赋予丰富的文
化内涵。

乾隆二十年（1755）秋，诗人边中宝应朋友之邀入盘山作
五日游，早上登多宝佛塔时，入北少林寺小歇，僧人提供了一
顿令其念念不忘的早餐。边中宝《竹岩诗草》有《少林寺早餐，
僧供山蔬绝佳》诗：

晾甲石北行，起伏乘凹凸。

努力陟浮图，精舍为小歇。

僧云客何来，一饭聊篦设。

溉釜炊香秔，石花拾炭藁。

野蔬相鲜新，豆苗杂杏叶。

拂几才异陈，盈户郁芬冽。

清气入肝脾，浊气一涤雪。

官窍何萧旷，心神倏超越。

此味或蓬壶，尘几何处索。

岂惟鄙肉食，仙卉秩薇蕨。①

　　粳米熬成的粥，石花做成的茶，杂以豆苗、杏叶等野蔬，清气入肝脾，官窍皆通畅，边中宝将这顿山野之中的粗茶淡饭喻为仙界独有，念念不忘。石花、豆苗、杏叶三种野蔬，均属当地的特产，清代颇受僧众喜爱。智朴《盘山志》卷五载，石化产于峭壁，暑天采之可代茶；豆苗菜形似豆苗，作羹极鲜美；杏叶菜形似杏叶，味甘可食。②

①　（清）边中宝《竹岩诗草》上卷，清乾隆四十年（1775）刻本。边中宝，字识珍，一字适眕，号竹岩，乾隆时期举人，官遵化学正。
②　（清）智朴《盘山志》卷五，中国书店，1997年，第216—218页。

盘山寺院修建途径和资金来源

盘山寺院的圮废与重修，是山林佛教的常态。这里，有一个问题：修建寺院本非易事，资材从哪里来？大体上，有三种资金渠道：

一是皇家或官府出资。双峰寺有石碣，载唐代贞观年间由尉迟敬德监造，与唐太宗在各地树立福川有关。明代万历年间，慈圣皇太后出内帑重建，赐龙藏及供用之物。[①] 慈圣皇太后在盘山地区不止重建了双峰寺一座寺院，据明代王道正《重修云罩寺碑记》载："恭值今上皇帝乘龙御天，薄海熙恬，三陛宁谧，仰承圣母慈圣宣文明肃贞寿皇太后慈命，印施藏经，畿辅内外，梵宇招提，悉加严饬。于是出内帑积贮，并各宫协赞金钱，特命乾清宫常侍尚膳监太监吕公诚往葺治之。"[②] 云罩寺重修显然也是明代皇家主导的工程。慈圣皇太后即历史上有名的李太后，明穆宗朱载垕妃嫔、明神宗朱翊钧生母。但是，此类皇家主导的修缮在清代之前大都属于个案。清乾隆时期，官方对盘山诸寺进行了历史上最大规模的重修，或可看作乾隆塑造盘山的文治之举。这是乾隆时期盘山佛教发展的重要特征。

二是民间赞助人出资。比如，灵岩寺明代万历年间"寺日废坠，现乃邀乡善会赵文昇辈，尽出己资，协以众募，抡材鸠工，拓其地，宏其规"[③]。赵文昇等乡贤是这次修缮的主力。清光绪年间吴恒明"敬施纹银一百九十两正"，交于时千像寺僧人"代

---

① （清）智朴《盘山志》卷三，中国书店，1997年，第141页。

② （明）王道正《重修云罩寺碑记》，收入智朴《盘山志》卷三，中国书店，1997年，第149页。

③ （明）萧九峰《重修灵岩寺碑记》，收入智朴《盘山志》卷三，中国书店，1997年，第159页。

为经营"①。此类出资人或是乡绅，或是佛教徒，大都以修福积德为目的，在盘山佛教发展史中比较常见。

三是僧人为之。宝峰禅师对感化寺和北少林寺的重修即属此种情况，又可细分为三类：一类是僧人凭借多年积蓄而"自掏腰包"，一类为僧人凭借威望"化缘而来"，第三类是两者兼有。宝峰禅师重修感化寺"乃捐己资，兼募众缘"，重修北少林寺时已是倾其所有。

智朴《盘山志》收入的历代高僧中，许多"善聚财"，再加上"协力众募"，也便具备了大兴土木的实力。比如，辽代严慧大师经营寺院得法，"供费之外，有钱五千余贯"②。当然，并非所有僧人都喜欢聚财。明代天启年间（1621—1627），至明法师入住盘山五盆沟"隐静"，"偶绝粮至第五日"，有"神人"托梦邦均王孝廉，告知至明法师绝粮，孝廉赶至五盆沟拜其为师，后请至盘山净业庵弘法。时值饥岁，人多求度，至明来者不拒，虽然寺院没有蓄租，但厨中供具丰饶，保障了僧众的生活。③至明法师"散财化度"，堪称大善。

---

① （清）吴恒明《重修千像寺碑记》，收入天津市蓟县盘山志编修委员会《盘山志》，天津社会科学院出版社，2005年，第115页。

② （辽）南抃《甘泉普济寺严慧大德塔记铭》，收入智朴《盘山志》卷二，中国书店，1997年，第96页。

③ （清）智朴《无暗律师行实碑记》，收入智朴《盘山志》卷二，中国书店，1997年，第112—114页。

寶峰德聚禪師行實碑記

柯潛

　　禪師名德聚，號寶峰，俗姓趙，金陵世家，祖謫戍順天府之玉田，遂為玉田人。永樂癸巳，母夢黃光彌戶，遂生禪師，人多異之。及長，有老衲見而指之曰："此兒骨相不凡，將來光大法門，享安樂福，未可限也。"甫五歲時，嘗於空中見樓閣隱隱之狀。及十歲，父母捨送薊之盤山少林寺出家，從母舅隨公。宣德戊申，聞僧錄右街大雲同公邃于道，宣廟寵渥極盛，璽書褒獎，名重天下，往師之。參究公案，講求宗旨，夙夜孜孜，服勞不懈。正統丁巳，飛錫吳下，受戒具而還。庚申，御馬監太監劉公順，以私第請為梵刹，英廟賜名法華，命禪師主之。禪師即以修舉為己任，攻苦嚵淡，竭力為之。不出堂室，不謁權貴，而殿堂廊廡，煥然完具。由是法益振，教益流，譽望益隆，學徒益盛，而老衲之言於斯始驗矣。天順壬午，遊盤山，慨然歎曰："吾少時於此往還，今已踰半百矣。況感化為晉魏古刹，燬於兵燹，久不能復，吾徒錄錄於世，而無益於教也。"乃捐己資，兼募眾緣，以圖興建。三年，而崇臺廣殿，巋焉煥焉，庖湢廩庾，高明弘麗，像設莊嚴，咸臻精妙。漁陽之人，莫不舉手加額，以為神助。事聞於上，賜名廣濟，命同師弟白嚴森禪師主之。成化己丑，復愛少林谿澗縈回、峰巒秀麗，實早年發軔之地，不忍忘其本源，悉倒橐傾囊，修其敝，廓其規。東作觀音堂，西作明月堂，中作方丈，左右僧舍以備遊憩，旁因龍池作竹塢蔬圃，以俟優老，誠一方之壯觀也。其徒文擴等求紀禪師之行，勒石垂後。嗟夫！禪師瑰瑋踔絕，刻厲勤篤，通東魯之書，博西來之意，縉紳大夫，鉅緇老衲，咸禮重之。又能不忘其本，汲汲致力於所發身之地，其立志用意，可謂弘且確矣。宜乎起人之敬而成功之遠，故余不徒紀其精修之行，而又書其興作之盛，以昭示後人。成化八年辛卯十一月。①

----

　　① 残碑拓本见《盘山金石志》，碑文见智朴《盘山志》，二者互校，以拓本为准。

十、多宝佛塔

    明代北少林寺的重修属于僧人自发行为，这与清代乾隆时期皇家主导的修缮不同，凸显了明代寺院发展的特点。就在宝峰禅师重修北少林寺半个多世纪后，明嘉靖六年（1527），寺院还进行过修缮。[①] 此后的一百多年间，我们看不到北少林寺的任何记载。其间蓟州动荡频仍，一直持续到明末北少林寺最后一次建设。

    先是万历二十三年（1595）发生蓟州兵变。明开国后，设卫所制度，明洪武八年（1375）设蓟州卫，作为屏护京畿的重要门户，后在北部边防沿线设包括蓟州在内的"九边"。明洪武三十五年（1402）又在蓟州卫基础上设蓟镇。隆庆二年（1568），戚继光调入蓟镇守边十六年。万历二十三年（1595），蓟镇"防海兵以要挟双粮鼓噪，蓟镇督、抚、道臣擒其倡乱者正法，余党尽驱南还"[②]，兵变很快被镇压。此后的崇祯年间（1628—1644），大明帝国风雨飘摇，蓟州城因时局动荡再遭重创。崇祯十五年

---

① （清）智朴《盘山志》卷三，中国书店，1997年，第157页。
② 见《神宗实录》"万历二十三年十月二十日"条。

（1642）末，清军入塞，向关内大举进犯并攻陷蓟州，转年四月始退。李孔昭《义冢碑记》记载了城陷时的情形：

> 明崇祯壬午年冬十月，渔阳失守，全城被屠，宫室俱烬。及兵退之后，尸骸遍地，面貌、姓氏不可辨矣。城中绝嗣大半，幸有子孙亲戚收葬者，百一二耳。地方官府聚尸烧埋，已不可望计。其余，墙屋所压，灰土所覆，遐僻所遗，郊野所暴，骨骼犹在是也。越明年，有一僧人一道者，拾骨聚埋于本城南门外大路旁，曰万人冢。行人往来，未尝不浩叹而思悲也。①

《义冢碑记》称，蓟州遭屠城后，"有一僧人一道者"捡拾尸骨聚埋。处理无主尸骨，是晚明以来僧道的社会责任，亦是僧道参与慈善事业之一种。

李孔昭还有《白塔寺歌》，记此间"一朝兵火自天来"的悲惨之状：

> 蓟州之塔突凌空，孤高划破碧氤氲。
> 金峰平挂西天月，玉柱直擎北塞云。
> 茫茫大块八风起，层铃振响城□里。
> 梵音间入管弦声，惊醒人间醉梦耳。
> 一朝兵火自天来，百雉崇墉顷刻颓。
> 合城一炬成焦土，西南惟有塔嵬嵬。
> 寄语人世豪华子，古今兴废皆如此。
> 秦宫汉殿半耕田，岳峙川流犹未已。
> 西山飞雪年年冷，东岭桃花岁岁奇。

---

① （清）李孔昭《秋壑吟》，天津图书馆藏清末刻本。

白发红颜几日事，太平离乱一局棋。

为君道破浮生梦，且种因缘脱苦迷。①

　　盘山在这次动荡中受到的影响相对有限，接纳了许多晚明遗民。李孔昭字光四，明末进士，战乱中丧妻，后携母隐居盘山，与山中僧人交往密切。顺治十五年（1658），降清后官运亨通的梁清标有"蓟门之役"，访李孔昭于州吏，后登盘山，向老僧打听李孔昭行踪，老僧说："光四无定居，往来盘山僧寺为多。"梁清标闻后，"低回久之，留一诗，付山僧而去"，其《访李光四不遇》诗中有"十年避弋羡鸿飞"句，比附身世，耐人品咂。②梁清标感李孔昭气节，还作《李进士传》，收入后人辑录的李孔昭《秋壑吟》中。明清易代之际，盘山和散落山林的寺院扮演了遗民遁世求生"庇护所"的角色。

　　清军攻陷蓟州后的崇祯十七年（1644），中华版图上出现了大明、大清、大顺、大西四个政权，紫禁城三易其主。最终，来自关外的少数民族政权成为胜利者，建立大清王朝。正是在风雨飘摇的崇祯十七年（1644），蓟州劫后城空，北少林寺开始在寺院外的龙首岩建设多宝佛塔（图10.1）。佛塔既可看作寺院在明朝的最后一个工程，也可视为入清后的第一项工程。这个时间节点实在过于微妙，或许是蓟州官民用建塔的方式弘扬佛法，以告慰城陷时的百姓，护佑山林平安。

　　按前述，金元之交北少林寺内有古佛舍利塔，但在佛道之争中被道士损毁。此次建设多宝佛塔，名为重修，实是新建，蓟州僧正司仁凤主持工程，③清顺治九年（1652）竣工，历时九年，

————————

① （清）李孔昭《秋壑吟》，天津图书馆藏清末刻本。

② 本段所引，见智朴《盘山志》卷三，中国书店，1997年，第134—135页。

③ （清）蒋溥等《钦定盘山志》卷四。僧正为地方僧官，初创于十六国时期的后秦。

图 10.1 多宝佛塔远景 白俊峰摄

横跨两个朝代。^①今多宝佛塔正南门洞上嵌有匾额，隐约可见"北少林寺住持比丘慧兴造"（图10.2）的字样，可知竣工时的寺院住持为慧兴和尚，但文献中无考。由于缺少可靠记载，蓟州地区很早就开始流传关于多宝佛塔的种种传说。20世纪30年代陈兴亚游盘山时，记此塔"以其塔白，俗称曰胭粉塔"。传说系一女子重修，竣工后堕塔而亡。陈兴亚认为乃"齐东野人之语"，并不可信。^②

多宝佛塔为八角密檐式，由塔基、塔身、十三层密檐相轮和塔刹组成，首层檐下砖雕斗拱，其余密檐间作矮层塔身，四面作佛龛，通高26米（图10.3）。^③这种制式兴盛于辽代，明清时期颇为普遍。辽代十三层塔是依密教经典《大日经》的曼荼罗仪轨而设定。第一层塔身将平面化的曼荼罗即"坛城"以立体形式展现，塔即是佛，对密宗曼荼罗内诸尊佛的崇敬、礼拜，不需要登临塔内，只需按照密宗仪轨绕塔、礼塔、供养塔，便能达到功德圆满。密檐式塔绝大多数无法登临，是藏舍利、经卷、佛像的场所。^④

与那些可以登临的阁楼式佛塔相比，密檐塔以内部装藏和外表砖雕为主，不需要设置登临通道和阶梯，施工较为简单，工期也不会太长。位于北京市的天宁寺塔与多宝佛塔形制相同，始建于辽代天庆九年（1119），不到一年便竣工落成。多宝佛塔历时九年才建成，耗时不可谓不长，肯定受到明清易代和当时宗教政

---

① 天津市蓟县盘山志编修委员会《盘山志》对多宝佛塔始建年代记述混乱，先是写为明崇祯七年，又称重修后的佛塔正南门洞上方镶嵌"多宝佛塔"匾额，落款"大明崇祯十四年敬建，大清顺治九年竣工"。但此匾额上实为"大明崇祯十七年启建"字样。

② 陈兴亚《游盘山记》，撷华印书局，1932年印本。

③ 今人一般认为多宝佛塔为实心密檐式，但主持多宝佛塔出土文物保护项目的刘健告诉笔者，多宝佛塔严格讲并非完全实心，塔下原有门可进入。

④ 谷赟《辽塔研究》，中央美术学院2013年博士论文。

图 10.2 多宝佛塔匾额 李斌摄

策的影响。笔者据此怀疑中间停工过很长时间。就在多宝佛塔启建的转年即顺治二年（1645），朝廷鉴于寺院私造滥造之风盛行，严禁民间擅造寺庙佛像，如建设，须呈报礼部批准。目前不清楚这条禁令在盘山的执行情况，但也不完全排除对多宝佛塔建设带来的影响。

　　按照通行的规制，佛塔作为寺院的最高建筑，大都安置于寺院之内，多宝佛塔为什么建在了寺院外？我们需要再次回到北少林寺的空间环境和建筑格局中解答这个问题。按前述，北少林寺的建筑属典型的"纵轴式"，寺院后面便是渐渐上隆的山体，考虑明末的建筑体量，已经找不到开敞的空间来安置佛塔。另一方面，即便是寺院后身有空间，佛塔如果立于此，显然与山体"并排"在一起了——根本就难以体现高耸入云的巍峨。因此，佛塔所起"靠"的作用，已经由山体取代，而且很容易造成视线的混淆和重叠。恰恰是寺院旁的龙首岩，俯瞰山下空谷，又临近红龙池等名胜，为建塔提供了得天独厚的条件。龙首岩扼中盘"龙脉"，此处建塔简直再合适不过。佛塔建在寺院外的情况，历史上也并不鲜见。

图 10.3 多宝佛塔南侧立面图 天津大学建筑设
计规划研究总院提供

多宝佛塔是北少林寺留给今人唯一的地上遗物，其珍贵性不言而喻。2017 年 10 月，在该塔的修缮过程中，八层密檐南部佛龛封砖脱落，工作人员发现一尊铜质鎏金佛造像。[①] 经批准，天津市文化遗产保护中心组织对佛龛文物开展了抢救性清理。塔身第三层至十三层，每层东、南、西、北各有一个佛龛，44 个佛龛中有 39 个佛龛发现文物，出土包括造像、佛龛模型、佛塔模型、饰件、经卷等不同质地文物 169 件 / 套。装藏种类丰富，有琉璃、珍珠、豆类种子、莲子、香、经卷、金属饰品、纺织品，等等。这是进入新世纪以来，天津地区最重要的考古发现。[②]

佛龛出土的佛教题材造像以民间佛造像为主，风格多样，不拘泥于固有形制，展现了古人的非凡智慧和高超工艺水平。造像供养方式独特，有些较为罕见。其中，绿度母（图 10.4）、文殊菩萨（图 10.5）等具有典型藏传佛教风格。佛造像装藏内还出土了纸质藏文经卷，印制精美、字口清晰，是古代藏传佛教在盘山地区发展的重要实证（图 10.6）。出土文物中尤以"九龙浴太子"造像（图 10.7）最为精美独特，国内十分罕见。造像顶部为中国传统园林建筑形制，体现了显著的佛教本土化特征。

出土文物携带的历史信息极为丰富，令人着迷。一册写有"四分律比丘戒本"字样的佛教书函，纸板已经泥化，无法提取，但留下了裱粘的黄色签条（图 10.8），墨书规整，依稀可辨，与文献记载的律宗在盘山地区的传播可相互参证，具有重要研究价值。佛龛内还出土一张纸券（图 10.9），提取时位于一尊道教造像底部，应该是粘在造像上，日久脱落。纸券两排行书"赵铺发卖檀速高

---

① 此即"九龙浴太子"造像。

② 关于多宝佛塔出土文物抢救性清理与保护，详见刘健、尹承龙执笔《蓟州多宝佛塔佛龛出土文物抢救性清理与保护》，收入《天津考古（三）》，科学出版社，2023 年，第 264—276 页。为便于阅读，本书对考古出土文物的信息，比如出土层位、方位及材质、尺寸等不做具体表述。

图 10.4 铜鎏金度母坐像 刘健提供

图 10.5 铜漆金彩绘文殊菩萨坐像 刘健提供

佛道之辩与人文塑造

图 10.6 藏文经卷 刘健提供

图 10.7 九龙浴太子造像 刘健提供

佛道之辩与人文塑造

香一束纹银一分"，是标准的古代商铺广告，言简意赅，随物贴售，标明了商家售卖檀、速两种高香和具体价格。很显然，购买造像之人当初并没有把这则广告去掉，便置于佛龛内封藏。造像的购买、封藏带有很强目的性，透露出一种紧张而匆忙的意味。这则广告也为我们了解古代盘山地区以宗教为核心的商业经济发展，提供了难得的实物资料。至少，寺院所依托的社会环境并非人们想象的"不食烟火"，寺院周边分布售卖佛道造像、香烛的店铺，共同构成一个社会生态体系。

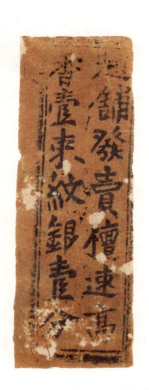

图 10.8 "四分律比丘戒本"书函签条 刘健提供　　图 10.9 纸券广告 刘健提供

图 10.10 道教真武大帝造像　刘健提供　　　图 10.11 道教何仙姑造像　刘健提供

多宝佛塔佛龛还出数尊道教造像（图 10.10、10.11）。典型的道教造像出现于佛塔中，可证元代以来佛道在盘山逐步由冲突走向共生，民间宗教信仰呈现出多元化和包容性的特征。

明代佛塔内出土道教造像，盘山北少林寺并非孤例。北京市房山区大韩继村香光寺多宝佛塔出土文物 60 余件套，20 世纪 60 年代入藏首都博物馆，其中包括银鎏金道教人物造像六尊。据张彩娟、闫娟考证，香光寺多宝佛塔建成于明万历二十八年（1600），比北少林寺多宝佛塔早半个多世纪。①

邢鹏根据对明代北京地区佛教造像及相关内容研究的结论认为，佛道造像杂处的情形在明嘉靖朝普遍出现，并为当时及之后

① 张彩娟、闫娟《首都博物馆馆藏出土文物整理三题》，《首都博物馆论丛》2011 年。

的社会所接受：

> 明代有许多大珰购置土地并私自创建佛寺为其坟寺，以期享受因无血缘后代而由僧人予以祭祀的香火。但嘉靖帝即位后禁止并拆毁私创佛寺。宦官们为了保自己的坟寺，纷纷在佛寺内增加道教宫观、殿堂来迎合皇帝。例如北京戒台寺、大慧寺等知名佛寺都建有真武殿。在此背景下而经数十年的佛道造像杂处实践，至万历时世人对佛道造像杂处现象已习以为常、见怪不怪了。故对当时的人们而言，在多宝佛塔内安置道教八仙造像并非特例。[①]

无独有偶，盘山宝峰禅师也曾主太监的私家寺院。《宝峰德聚禅师行实碑记》载，禅师于明正统五年（1440）受御马监太监刘顺邀请，主其私第梵刹"法华寺"，该寺由明英宗赐名。天顺六年（1462），禅师才返回盘山重修感化、少林二寺。[②]北少林寺多宝佛塔与北京香光寺多宝佛塔建设年代相近，自然也受明代上述风气的影响。但是，在明代佛道造像杂处的语境之外，北少林寺尚有一个独特背景，即金元时期佛道由冲突走向融合的历史进程，这在目前可见的考古材料中具有唯一性。因此，北少林寺多宝佛塔及其出土文物是北方地区元明时期佛道融合历史背景的绝佳考古例证。造像可能是佛塔建好后一次性封藏，是解读历史的一把"密匙"，尤其是经过科学的考古清理，可以清晰掌握

---

① 邢鹏《房山区大韩继村香光寺多宝佛塔内出土文物概况及相关研究》，《北京文博文丛》2020年第2期。明代太监崇奉道教，是一个复杂的社会问题，可能也与太监对丘处机的崇拜有关。尹志平《清和尹真人语录》中就记载丘处机为炼心去欲而自行阉割，唐代剑《王嚞 丘处机评传》一书认为，明代之后的太监甚至将丘处机作为行业神加以崇拜。

② （明）柯潜《宝峰德聚禅师行实碑记》，收入智朴《盘山志》卷二，中国书店，1997年，第108—109页。

出土文物的层位、方位和在佛龛内的摆位，较北京香光寺多宝佛塔，具备完整的历史信息和深入解读的可能性。

需要补充的是，16世纪早期，即明正德年间，盘山尚有寺院改为道观。智朴《盘山志》记日照寺："正德中，道士卢永康居之，更为修葺。今名府君山。"[①] 这则史料可以证明，寺院作为有形的物质实体，其所有者非一成不变。而且，日照寺易主后没有引发诸如北少林寺那样的冲突。在宗教日益世俗化的明清两朝，此类事件所蕴含的特殊指向意义已经被历史所稀释。联系嘉靖皇帝对道教的痴迷和推崇，明代后期统治者的宗教取向虽与金元之交的蒙古政权相似，但佛道已经不可能出现激烈矛盾，倒是遵循其自律性不断向前发展。

综上，多宝佛塔佛龛出土文物具有重要历史、文化、艺术价值，是天津作为历史文化名城的宝贵财富，也是研究古代蓟州地区宗教文化、造像艺术和经济社会发展的重要实物。这些文物数百年来共处一塔、相守不离，真实反映了金元以来盘山地区不同宗教和教派融合共生的历史现象。

---

① （清）智朴《盘山志》卷三，中国书店，1997年，第165页。

盘山的古代佛塔

盘山目前考古实证最早的佛塔，为唐辽所建。2006年，天津市文化遗产保护中心在蓟州区西大佛塔村发掘塔基一座，根据出土青砖判断，修建年代为晚唐至辽代。塔基位于盘山南麓的山前高地，从体量看，为天津地区目前已知最大的塔基，在我国北方地区也十分罕见。塔基建造技法十分独特，内部为八角形夯土基座，外部砌砖，重修时又在外部夯土加固，为我国现存唐辽佛塔所不见，对于研究佛塔建筑具有重要意义。[①] 塔基的发掘，也为认识蓟州地区佛塔的建设提供了历史纵深，可知盘山地区佛塔的建造由来已久。

智朴《盘山志》收入云罩寺定光佛舍利塔、天成寺古佛舍利塔、北少林寺多宝佛塔，这三座佛塔是盘山地区现存佛塔建筑的典型代表。

定光佛舍利塔为八角三层亭阁式实心塔，位于挂月峰上，历史悠久，屡有重修，堪称盘山佛教文化的象征，明代傅光宅《重修佛舍利塔记》和清代张照《重修盘山云罩寺舍利塔记》记载了明清两朝对佛塔的重修经过。

位于盘山天成寺大殿西侧的古佛舍利塔，与北少林寺多宝佛塔形制相同，亦为八角十三层密檐式，相传始建于唐代，辽天庆年间（1111—1120）重修，明崇祯四年（1631）进行修葺，比多宝佛塔早十余年，而且只用4个月便竣工。僧人如芳为修葺古佛舍利塔，刺血书经七年，卖经积钱。如方《天城（成）兰若重修舍利宝塔记》记录了该塔从募资到动工的过程：

---

① 详见姜佰国、张俊生、刘健、赵晨执笔《蓟县西大佛塔村唐辽时期塔基》，收入《天津考古资料汇编（1997—2020）》，科学出版社，2023年，第350页。

迫于崇祯庚午秋，幸获同志诸尚善人，募资募粮为工夫之助费，办石办瓦资是塔之洪规。辛未春，工始作开塔……益座之以石，级之以瓦。层层金环，风传三昧之音；煌煌宝顶，日起慈云之彩……①

盘山尚存太平禅师塔、普照禅师塔等禅师塔。据天津市蓟县盘山志编修委员会《盘山志》载，盘山古禅师塔及普通塔有一百余座，现存 36 座，残存 21 座。②

---

① （明）如方《天城（成）兰若重修舍利宝塔记》，收入天津市蓟县盘山志编修委员会《盘山志》，天津社会科学院出版社，2005 年，第 128 页。

② 天津市蓟县盘山志编修委员会《盘山志》，天津社会科学院出版社，2005 年，第 125 页。

明代盘山佛教发展述略

有明一代，盘山在地缘上靠近政治中心，但仍处于明代"九边"的防御前线，带有浓重的边防军事色彩。明代是盘山地区佛教发展的分水岭，盘山开始由佛教名胜逐步向人文名胜转型，至清代乾隆时期彻底完成了这个转型过程。

明代盘山地区禅宗、净土宗、律宗齐聚，禅宗最盛，临济宗与曹洞宗各分秋色。正德年间（1506—1521）建秀峰庵，万历年间（1573—1620）建净业庵、水月庵，崇祯年间（1628—1644）建白岩庵。明代是盘山诸寺院的集中重修期，感化寺、北少林寺、千像寺、香林寺、青峰寺、日照寺、报恩寺等得到修茸，盘山地区僧众剧增。万历三十年（1602）敕赐云罩寺额。崇祯四年（1631）在天成寺立《重修古佛舍利塔记碑》和《重修舍利宝塔记碑》，十三年（1640）在万松寺立《重修卫公庵记碑》，十七年（1644）北少林寺启建多宝佛塔。明代盘山寺院的修缮多由僧人或信众自发而为。

智朴《盘山志》中收入明代蕴空、宝峰德聚、大舟圆成、祖允、常慧、憨山、如芳、至明无暗、朗然等僧人传略。僧人在佛学义理上出现了诸宗融合的显著特色，至明无暗法师禅、律、教兼修，宝峰德聚禅师则是佛教世俗化的典型代表，在盘山地区颇有影响。憨山被誉为晚明四大高僧之一，智朴《盘山志》记其万历元年（1573）在盘山千像寺后石崖内与隐者共修，达到了色阴境界。但憨山在盘山并没有待多长时间，辞归时隐者把臂相送，泪如雨下。[①]

明代盘山向人文名胜转型的一个显著标志，即文人游山增多，出现大量吟诵和描写盘山的诗文，但还没有达到清代中前期鼎盛阶

---

① （清）智朴《盘山志》卷二，中国书店，1997年，第21—22页。

图 10.12　《天下名山图》载《盘山图》

段的规模。其中，以李攀龙、徐霞客、袁宏道、戚继光等文人最为知名。

　　明代丰富的版画类图书中，已经出现盘山的视觉形象。尽管图绘盘山并不始于明代，但明代的盘山图像为清代的盘山视觉形象系统起到了铺垫作用。明崇祯四年（1631），墨绘斋刻印《天下名山图》（又称《名山图》），收入包括盘山在内的名山。此本刻画精微，是明代游风日盛与坊雕私刻繁荣的双重见证，亦是明代中晚期商品经济与文化趣味的结合。

　　明代不仅出现名山版画集，文人也辑录历代游记刊行，其中以何镗辑《名山胜概记》为代表。书中的图版，即为上述墨绘斋刻本（该书图版篆书题识为崇祯六年刻，稍晚于墨绘斋单行的《天下名山图》）。因此，《天下名山图》也被称为《天下名山胜概记图》。墨绘斋刻本中的盘山图（图10.12），刀笔劲爽，山川幽峻。此本对后世影响深远，清代屡有翻刻，从笔者掌握的资料看，应为现存最早的盘山图式。

十一、公共事务

多宝佛塔见证了明清易代的完整过程，它的建成，也意味着盘山和北少林寺进入一个全新的历史时期。

清王朝建立后，蓟州作为边境的属性已经不复存在。帝国的统治疆域拓展到了辽阔的北部地区，蓟州成为毗邻京师、带有"后花园"性质的腹地。这个变化不太引起关注，却实实在在地影响了盘山，使盘山彻底摆脱"边境身份"，为越来越多的文人登临览胜、驻足寺院提供了便利。

其次，随着清东陵选址遵化，蓟州成为清帝谒陵的必经之路，盘山因此具备了"皇家山林"的特色，日益受到清代皇帝重视，至乾隆时达到极致。这是在以往任何历史阶段都不曾出现的现象，盘山因此烙印了鲜明的皇家色彩。该阶段寺院的重修多由皇家和官府主导。

上述空间属性的微妙变化，都深刻地影响了清代盘山的文化形态和内涵。此外，清代中前期的整体社会环境也不容忽视。统治者以文字狱禁锢人心，又极力吸收汉文化传统，大倡文治，笼络文人。康熙与僧人智朴的交往，是其怀柔天下、优渥士人的体现。正是在这种社会氛围中，金石考据的崇古趣味大兴，文人访碑探寺成为时尚，官方和民间开始系统总结盘山的历史文化。有清一代，盘山佛教的世俗化也继续发展，僧人的文人化倾向尤为明显，出现了智朴这样具有文人底色，并广泛介入世俗生活的僧人。

康熙帝曾于康熙十四年（1675）、十七年（1678）、二十五年（1686）、四十三年（1704）四次登临盘山，他与智朴和尚的交往堪称佳话，后面会有详述。概言之，康熙时期的盘山延续明代以来的发展轨迹，基本处于自我发展的状态，尚未真正成为"皇家山林"。但是，康熙时期官民对盘山生态的保护，凸显了盘山诸寺参与公共事务的热情。

从现有史料观察，北少林寺也是从康熙时期开始，逐步介入盘山佛教的公共事务，在政府权力的边缘地带，发挥着山林寺院自我管理的重要作用。这得益于清代前期稳定的社会环境和官方对盘山寺院的重视，也与佛教的世俗化有关。

康熙时期，北少林寺住持本住和尚对寺院进行了重修，此时的寺院建筑应该保持明代规模，重修力度并不大。[①]值得关注的是，本住和尚的名字还出现在康熙时期立于北少林寺的一块石碑上（图 11.1）。这块石碑刻有彼时盘山诸寺院住持的名字，除北少林寺本住，还有中盘寺本贵、天香寺真元、法藏寺如僧、瑞云庵实宽、青峰寺隆宝、净业庵通福等，千像寺、上方寺、云罩寺、天成寺等寺住持的名字漫漶不清。[②]此碑碑文已不见，或许是为了记述某件事，僧人集体留下自己的名字，这包含了存史留名的意图，也是一种自发的公共行为。碑刻立于北少林寺，凸显了其

① （清）智朴《盘山志》卷三，中国书店，1997 年，第 157 页。本住和尚的详细信息，史料中不见。

② 天津盘山风景名胜区管理局《盘山金石志》，天津古籍出版社，2013 年，第 49 页。

图 11.1 《盘山金石志》载《盘山各寺主持名录碑》拓片

在盘山诸寺中的特殊地位。

康熙二十八年（1689）春，智朴和尚还牵头与盘山各寺院成立念佛会，制定《盘山诸刹同订念佛会规约》，这是僧人自我管理的重要体现。《盘山诸刹同订念佛会规约引》称：

> 凡我同会之人，佛前阄定十二位，依次办会，与随会者各须严整威仪，至诚礼念弥陀本愿十念生方，何况专持名号，竟日终年，直往安养，必无岐路。胜友良时，幸勿错过。是会之设，本为修行，不图华美，凡饮馔之类，宁俭勿奢，不得办置多品，分心妨道。①

规约还规定，每月初八日，僧人必须早到会所，各带三十三文，交付会主，任凭支用。此外，还规定了见面礼仪，以及每日饮食、念佛等规矩，"会期不到者罚，辩论是非者罚，杂谈戏笑

---

① （清）智朴《盘山志》卷五，中国书店，1997年，第229页。笔者对引文句读有所改动，谨作说明。

者罚，不随佛事者罚，所言罚者罚"①。

念佛会有十二家寺院作为常住，轮流主持。正月中盘寺，二月正法禅院，三月双峰寺，四月云罩寺，五月净业庵，六月法藏寺，七月感化寺，八月青峰庵，九月少林寺，十月弥陀庵，十一月上方寺，十二月青沟禅院。包括北少林寺在内的这十二家寺院承担了念佛会的日常组织任务，可证在盘山诸寺中地位显要，同时也具备承接集体活动的能力。

上述公共事务皆属僧人的自发行为，其主旨在于专心礼佛念经，"若不忆念佛慈，何由超脱沦溺"②。

另一类公共事务，则与有司的政务活动相关。寺院与政府之间的互动，体现了一种基于互惠原则的公共属性。与前述僧人在北少林寺立碑一样，记载此类事务的碑刻也立于北少林寺，这显然不是偶尔为之。

康熙二十二年（1683）二月，宋荦③升直隶通永道佥事，兼屯田、驿传、海防、河道、漕粮、饷务、税课、仓场等职。在任期间，宋荦体恤民众，豁免赋税。他还多次上盘山，与智朴诗翰往来，结下深厚友谊。康熙二十五年（1686）九月初七日，宋荦念盘山乃佛教胜境，不忍砍伐，下《蠲免盘山柴需令》。蓟州僧正司僧正慧德联合众僧，于十二月初八日在北少林寺立石，以志垂永。

《蠲免盘山柴需碑记》收入智朴《盘山志》，记录了这件事的来龙去脉，是一篇具有重要文献价值的碑铭：

---

① （清）智朴《盘山志》卷五，中国书店，1997年，第229页。

② （清）智朴《盘山志》卷五，中国书店，1997年，第229页。

③ 宋荦，字牧仲，号漫堂、西陂、绵津山人，晚号西陂老人、西陂放鸭翁。归德（今河南商丘）人，官至巡抚，笃学博闻，能诗文，工书画，精鉴赏，尤以诗享誉清初文坛，文士多与之交游。

康熙二十五年九月初七日，蒙通永道宋明文慨念佛地胜境，不忍砍伐，蠲免柴需，勒石垂永。蓟州正堂杨为晓谕事，照得本州伺候皇上行幸，需用柴炭，俱系照依时价，内帑发帑采买预备，并未勒令该山诸僧砍伐山场树木备办。诚恐日后有等奸棍憨不畏死，指称备柴索扰，仍蹈前辙，合亟示晓谕，为此示。仰盘山诸僧知悉，嗣后如有玩法之徒仍令备柴，许该寺各住持立扭，禀本州，以凭锁拏，解道尽法究处，决不姑恕。毋得赡狗隐匿，慎速、慎速。九月十二日，特示钦差通永道宋复批执照云：供应需柴，俱系现价公买，岂容科派山僧？本道已经严行禁革在案，准给照，以防胥役后扰。十月十九日，蓟州僧正司僧正慧德遵依查饬。十二月初八日，合山僧众立石少林寺。①

　　有司明确，"并未勒令该山诸僧砍伐山场树木备办"，并严格规定不得以接待皇帝巡幸为由砍伐林木，巡幸所需柴炭皆出于内帑采买预备。条例体现了康熙帝一贯的宽仁，自然会得到当地僧众的拥护，且对盘山的自然资源起到了很好的保护作用。这是盘山历史上第一个关于生态保护的条例。

　　条例中特别指出盘山乃"佛地胜景"，并准许各寺住持发现玩法之徒"仍令备柴"后扭送官府，显然是承认僧人在这片山林中的地位，并给予其"管理"的权限。

　　碑文指涉了盘山寺院作为一个整体的公共事务，碑刻的空间所在，则暗含了北少林寺自身的公共价值。所以，我们还有必要把这块碑放在空间环境中讨论——为什么盘山僧人选择在北少林寺立碑，记载此类公共事务呢？如果把盘山的寺院看作一个散布于山林的聚落，那么，这个聚落一定有类似"客厅"的公共空间，

---

① （清）智朴《盘山志》卷五，中国书店，1997年，第226—227页。

图 11.2 胡桂绘《御书隆福寺行宫六景诗图》 台北故宫博物院藏

以承载诸寺院的公共事务。就如同城市广场一样，既要在功能上满足集会、公告、展示等公共需求，也要通过宗教性或纪念性建筑来传达神圣感和历史感。北少林寺所处的中盘，恰是盘山的中间地带，而北少林寺又位于中盘核心，寺院前还有开敞的塔院可以利用。按前述承担念佛会事务，也可证其清代中前期的实力和影响。凡此种种，均指向了一个问题——北少林寺就是当时盘山寺院和僧人开展公共活动的场域。这是北少林寺公共属性的最大特点，寺院可能不是诸刹之首，但承担的却是公共中心的职能。我们有理由相信，清代中前期北少林寺塔院还曾立过更多具有类似功能的碑刻，只是消失于天壤之间罢了。①

　　乾隆时期，盘山诸寺院参与公共事务的重心发生转移。北少林寺作为盘山"公共事务中心"的属性也有所淡化，但另一个公共属性却凸显出来：作为乾隆巡幸盘山的"座落"之一，开始承担皇家的政务活动。

　　乾隆在蓟州及盘山用于休憩的场所，依其功能和重要性，大致可分为三类：第一类是静寄山庄，仿避暑山庄之例所建，地位

_____

① 明崇祯六年（1633），盘山众僧曾在双峰寺立碑，记豁免杂差一事。此事由双峰寺僧人向当局提出，故立石于双峰寺。由此可知，盘山僧人参与"自我管理"并不始于清代。

最为显赫。第二类是谒陵中途暂时休憩之所，比如：白涧行宫是谒东陵时入蓟州辖境的第一站；独乐寺行宫位于独乐寺内；桃花寺行宫东接皇陵五十里，为銮舆必经之路；隆福寺行宫则是谒陵的最终驻地（图11.2）。第三类即"座落"，设在乾隆游盘山时常去的寺院，备有专门的休憩设施和空间，数量最多，具有一定临时性和随机性。比如，乾隆十九年（1754），乾隆停留北少林寺时题诗，其中称"稍停参净业，随意作清娱。得句还前进，名山宁可孤"[1]，可见其暂憩之后便又动身，并未过多停留。乾隆二十五年（1760），他在北少林寺题诗，"五言促成句，一晌适清游"，然后"策骑往云净，钟声下界流"，赶往下一个"座落"云净寺。[2]

清人李调元《盘山十六寺纪序》中提及盘山"最著者惟十六寺"，"皆皇上临幸盘山时驻跸之所"，分别为感化寺、千相（像）寺、少陵（林）寺、古中盘、云净寺、东竺庵、上方寺、云罩寺、盘古寺、万松寺、青峰寺、法藏寺、双峰寺、西甘涧净土庵、

---

①　（清）乾隆《少林寺》，引自《乾隆蓟州诗集》，吴景仁辑注，天津社会科学院出版社，2004年，第182页。

②　（清）乾隆《少林寺叠旧作韵》，引自《乾隆蓟州诗集》，吴景仁辑注，天津社会科学院出版社，2004年，第248页。

东甘涧观音庵、天成寺。[①] 这16座寺院大致串起乾隆入盘山后至静寄山庄的路线，为其提供了临时歇脚的场所。据此，就会明白为什么乾隆时期盘山寺院的重修大都由内府出资——这些寺院参与了皇帝巡幸这个极为重要的政务活动，由内府负责维修也便顺理成章，今存清宫档案中保留了许多相关信息。嘉庆时期也维持这个做法，嘉庆二十一年（1816），直隶总督方受畴奏报，"查勘少林寺、古中盘、天香寺修改座落，俱已将次告竣，做法均属如式"[②]。

那么，乾隆去盘山的寺院，难道仅仅为了游玩？他的起居注替我们回答了这个问题。考《乾隆帝起居注》可知，乾隆二十三年（1758）之前，他游览盘山寺院的记载非常简单，比如乾隆十二年（1747）二月十七日，"上幸少林寺、古中盘，回盘山行宫驻跸"[③]，这基本可以确定是单纯的游玩，并无正式活动。但从乾隆二十三年（1758）开始，他在寺院内多了一项事务，就是拈香祈福，本年十月二十八日，"上幸双峰寺、法藏寺、云罩寺拈香"[④]；三十日，又到古中盘、少林寺、上方寺、东竺庵诸寺拈香。此后，拈香成为乾隆巡幸盘山寺院的一个重要事务（乾隆起居注经常将关于盘山寺院拈香的文字圈去，但圈去文字不代表他没有这项活动），以北少林寺为例，乾隆二十五年（1760）、二十八年（1763）、四十七年（1782）、五十年（1785）、五十四年（1789）巡幸时均在此拈香。[⑤] 乾隆五十四年（1789）

① （清）李调元《童山文集·补遗》卷六，商务印书馆，1936年，第70—71页。

② 《直隶总督方受畴奏为赴盘山等处行宫寺庙查勘工程情形事》，嘉庆二十一年十月二十日，中国第一历史档案馆藏清宫廷档案：朱批奏折，档号：04-01-37-0071-042。引文见周璐《清代盘山佛教研究》，南开大学2016年博士论文。

③ 引自常建华辑《〈乾隆帝起居注〉巡幸盘山史料》，天津古籍出版社，2011年，第11页。

④ 引自常建华辑《〈乾隆帝起居注〉巡幸盘山史料》，天津古籍出版社，2011年，第111页。

⑤ 乾隆二十五年（1760）、二十八年（1763）、四十七年（1782）、五十年（1785）到北少林寺拈香，均见常建华辑《〈乾隆帝起居注〉巡幸盘山史料》，天津古籍出版社，2011年。

三月十七日，皇帝到北少林寺拈香时，不仅留有诗作，还赏赐了寺院的僧人。[1] 联系史料中盘山"座落"和拈香礼佛的记载，我们可以知道，这些寺院的"座落"不仅满足了皇帝的游山之好，还在于承接拈香这个郑重的活动。

但是，乾隆巡幸盘山时并不是每次都在这16座寺院歇脚停留，清代盘山的"座落"也非一成不变，从乾隆题盘山诸寺的诗中就会发现蛛丝马迹。比如，乾隆三十一年（1766）有《望少林寺未入》诗，此诗刻于盘山（图11.3）：

> 适才别中盘，径欲往东竺。
> 少林路所经，过弗入庵屋。
> 身诇觉其慵，意固有所属。
> 何处非大士，骨髓与皮肉。
> 点到不重提，一时聊即目。[2]

乾隆三十五年（1770），他也没有在北少林寺停留：

> 中盘小坐净业熏，
> 因之稍憩仆从群。
> 言别策骑前途遵，
> 结念东竺凌峰云。
> 少林正介途所分，
> 过而不留亦可欣。

---

① 见《为今日前去拈香之古中盘少林寺等处和尚著赏银锞事》，乾隆五十四年三月十七日，中国第一历史档案馆藏清宫廷档案：明发上谕，档号：03-18-009-000050-0003。

② （清）乾隆《望少林寺未入》，引自《乾隆蓟州诗集》，吴景仁辑注，天津社会科学院出版社，2004年，第338页。

图 11.3 乾隆盘山题《望少林寺未入》诗 杨新摄

僧匃延望徒劳勤，
吾弗见布而疑赓，
到即不点古有云。①

对于散布山林的寺院和僧人而言，皇帝几乎一年一度的巡幸是一件"天大"的事情。乾隆对此是知晓的，所谓"僧匃延望徒劳勤"，僧人的失望可想而知。他们之间约定俗成的互动，在皇帝的单方面"爽约"下成为泡影，乾隆不得不给出一个理由："点到不提""到即不点"。这是禅林习语，僧众集会时，缺席者的

---

① （清）乾隆《过少林寺》，引自《乾隆蓟州诗集》，吴景仁辑注，天津社会科学院出版社，2004年，第394页。

名字上往往会被记一点，称"点即不到"；到席者名字上则不做记号，称"到即不点"，引申为于宗门要旨有所领会者，则少有言说；反之则噪聒多言。"到即不点"，也可引申为对已有悟境者毋须多作指点。

不入北少林寺，并不意味着乾隆对北少林寺的忽视，他有时会在静寄山庄的半天楼遥望寺院和多宝佛塔：

> 半天楼上开窗户，万笏丛中望少林。
> 云际梵音常飘渺，松梢塔影自森沈。
> 欣于所遇何空色，乐在其间足古今。
> 笑我闲愁经半岁，何妨一晌空尘心。①

皇帝的兴趣在于云际梵音、松梢塔影，但寺院的僧人可能没有这些看似"矫情"的诗兴，他们关注的是巡幸队伍迤逦而行的背影，以及哪些寺院又在皇帝驻足"座落"时获得了赏赐或题额的恩宠。②皇家的政务活动就像是一场大戏，慢慢衍化为山野的传闻。今天关于乾隆在盘山的诸多传说，或许就是这些僧人无意中留下的。

---

① （清）乾隆《望少林寺》，引自《乾隆蓟州诗集》，吴景仁辑注，天津社会科学院出版社，2004年，第118页。

② 除了赏赐寺院的僧人，乾隆巡幸盘山时也经常赏赐与巡幸有关的差役，并蠲免沿途地丁钱粮。比如，乾隆十四年（1749）九月十九日，乾隆在静寄山庄下谕旨奖励夫役："朕此次巡幸盘山，自莲花池至西门一带，御路修整平坦，所有除道夫役，着于应得工食之外，加赏一倍。"引自常建华辑《〈乾隆帝起居注〉巡幸盘山史料》，天津古籍出版社，2011年，第22页。

盘山的自然资源和禁伐令

清代盘山的自然资源异常丰富，智朴《盘山志》载柏树："天城（成）寺塔下一，少林寺殿前一，香水寺殿后三，龙泉寺殿前一，皆千年物也。"[1]北少林寺殿前的柏树可谓盘山一景，民国时期依然存在，蒋维乔的照片可证。盘山之松也很知名，"以百万计"，奇绝者多生于石隙。如此丰富的自然资源，免不了遭受人为破坏，智朴时代的松树"比为斧斤所戕，十去八九"，智朴因此感慨："安得菩萨宰官，出而护之。余日望矣。"[2]黄精为山野药草，智朴来盘山前无人敢食，"自辛亥朴结茅青沟，日采制以款客，人皆效之。不数年中，遍山殆尽"[3]。山火、虫灾等自然因素也对盘山的生态带来很大影响。

因此，盘山的生态资源如同它的建筑等人文资源，始终处于动态的"破坏—修补"的复杂状态。清代官民对盘山生态的重视和保护，体现了天人合一、培护福田的朴素理念。康熙二十五年（1686）立于北少林寺的《蠲免盘山柴需碑》，为保护盘山的生态起到了积极作用，但这则告示的效力随着时间推移而不断衰减，民间盗砍林木之事仍不能绝。

康熙二十七年（1688）五月，新任通永道佥事孟卜颁发《严禁盗伐树木以培胜地》告示：

> 照得盘山诸庵为畿左名刹，皇上不时行幸，树木最宜丰茂，以壮崇观。查向有地棍串同匪僧，竟将数百年古木恣意盗砍，得价分肥，曾经前道严禁在案……近访得前项僧棍人等，故智复萌，仍行盗砍，深可痛恨。除已往不究外，合再

---

① （清）智朴《盘山志》卷五，中国书店，1997年，第213页。
② （清）智朴《盘山志》卷五，中国书店，1997年，第212页。
③ （清）智朴《盘山志》卷五，中国书店，1997年，第215页。

出示严禁。为此示仰净业、卫公二庵僧人知悉，尔等务须不时在山巡查，如有前项不法棍徒串同僧人，仍将树木盗砍者，立即扭禀该地方官，飞报本道以凭严提，尽法究处，决不轻贷。特示。①

这份告示重申了两年前的禁令，并透露盗伐山林的除了"地棍"，还有当地"匪僧"，要求净业、卫公二庵僧人"不时在山巡查"，并明确其执法的权限。僧人显然成为官府公共事务管理的有力补充。

官方在自然资源保护方面的积极表现，也带动了民间僧众的热情，他们自发组织起来，制定《合山公议规约》，对官府给予支持："前承当道慨免柴需，永禁砍伐，外护之意至矣尽矣。而其间不无希图微利，投身幽谷，以伐山鬻树为活计者，若不共出规约以齐之，抑何以起世人之信心，全山林之盛气也哉？"规约禁止僧人"砍伐树木，伤损山林盛气"，这是对官方禁令的积极互动，体现了僧人参与公共事务的自觉。②

---

① （清）智朴《盘山志》卷五，中国书店，1997年，第227页。
② 本段所引见智朴《盘山志》卷五，中国书店，1997年，第228页。

十二、智朴和尚

　　从本节开始，我们会利用几节篇幅，讨论清代颇显喧闹的盘山"人文塑造"运动。称其为"运动"，自然是有所夸大，但可以让我们感知到一种态势。参与这个塑造过程的，先是智朴和尚与他庞大的朋友圈，然后是乾隆皇帝、大小官员、天津盐商，以及晚清文人，等等。这实际上是对盘山人文史的重构，北少林寺在这个过程中，也经历了由山林寺院向人文名胜的转型，宗教意味愈发淡化，人文色彩更加浓郁。与以前的历史相比，僧人已经隐退幕后，取而代之的是那些掌握文化和时尚话语权的"观看者"。

　　智朴是清代前期盘山知名高僧，拥有佛学、诗文、绘画等素养，颇受康熙赏识，与众多文人名流交好。关于智朴身世，民国以来有一种说法，认为他是晚明遗民，后隐居盘山。周肇祥《盘游日记》称其"本将家，以松山之败，落发为僧。颇工诗翰，应制之作，为世所称。一时公卿士夫，多与亲近"①。邓之诚《骨董琐记》

---

① 周肇祥《盘游日记》，《艺林月刊·游山专号》第二卷《盘山》专号，第 10 页，天津市文化遗产保护中心藏本。

提及智朴所绘《青松红杏图》^①时，也持此说。这基本是民国士人对智朴的认知。^②今人在讨论智朴身世时，也有循上述说法者。实际上，智朴身世并不神秘，前引皆属附会。智朴《盘山志》收入众名流所作序文，对其身世多有涉及。郑缵祖^③《青沟和尚传》更是清晰交代了他的经历。^④智朴号拙庵，先祖徐州人，本姓张，崇祯十年（1637）四月生，十五岁剃发，二十五岁参曹洞宗百愚禅师。三十五岁北游，因爱盘山青沟而结茅，青沟禅院后被康熙御赐"盘谷寺"（图12.1）。河南嵩山少林寺还曾请智朴开法席，他以年老婉辞。

　　智朴作为清代盘山首屈一指的高僧，佛学造诣精深，著述甚丰，尤其是历时九年编纂《盘山志》（图12.2），对盘山历史文化进行了系统梳理。他在《盘山志》自序中言及修志原因："康熙辛亥秋，朴结茅盘谷，为终老计。日与二三子游，见此山葱葱郁郁，秀色摩霄，怪石嵯峨，飞蹲舞掉，清泉古木，随人上下，而其中隐士高流，今古叠出，赋诗题字，遍满崖壁。因思夫名胜必得志乘以传，然后山川之英华、人文之粹美，与夫建置之沿革、物产之丰饶，因之以见，不则汗漫无闻而已。"智朴与宋荦、王子千商讨修志之事，但二人先后离开，"好事难成，一至于此"。智朴"此心耿耿，欲罢不能"，于康熙二十九年（1690）夏携弟子德意"详观形势，绘之为图，更寻旧典，增益其所未备"，书

---

① 《红杏青松图》现藏首都博物馆，一正两附共三卷。正卷引首题"红杏青松卷"，绘智朴和尚立于红杏青松之间，后有名人题咏。附卷一、二为清代及民国名人题识。

② 另，陈垣《清初僧诤记》认为智朴是瑞白明雪之孙，百愚斯法嗣。定明《霱仑超永〈五灯全书〉与盘山智朴法系之诤》指出了陈垣的错误，见《佛学研究》2019年第1期。

③ 郑缵祖，字哲远，号远公，清代南安人，康熙二年（1663）与叔郑鸣骏、弟郑缵绪率众归附清朝，授参政，职隶八旗汉籍，有《雪泥集》《远斋集》。

④ 此文收入天津市蓟县盘山志编修委员会《盘山志》，天津社会科学院出版社，2005年，第351页。

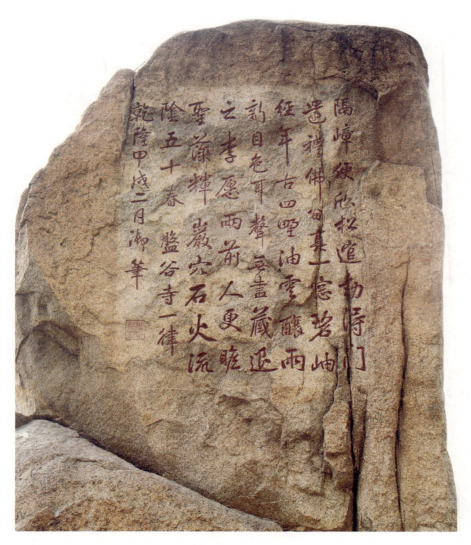

图 12.1 乾隆题《盘谷寺》诗 杨新摄

佛道之辩与人文塑造

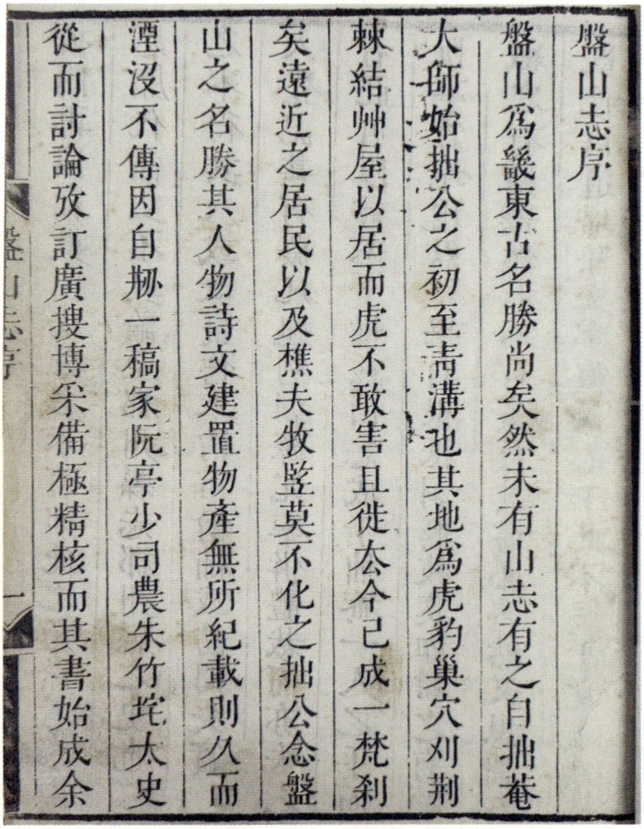

盤山志序

盤山為畿東古名勝尚矣然未有山志有之自抽菴
大師始抽公之初至清溝也其地為虎豹巢穴刈荊
棘結艸屋以居而虎不敢害且徒太今已成一梵刹
矣遠近之居民以及樵夫牧竪莫不化之抽公念盤
山之名勝其人物詩文建置物產無所紀載則久而
遷沒不傳因自揪一稿家阮亭少司農朱竹垞太史
從而討論攷訂廣搜博采備極精核而其書始成余

图 12.2 智朴《盘山志》书影，据清同治年间刻本

稿完成后，又请王士禛、朱彝尊详加校订，遂成盘山历史上第一
部志书。《盘山志》收入大量碑刻铭记，保留了一批极为珍贵的
史料，智朴为此"涉奇历险，考古验今"，可谓对盘山人文资源
进行田野调查和考证的第一人（图 12.3）。他还命弟子德意绘制
三页插图收入山志，今通行的清同治十一年（1872）《盘山志》
刻本，更换为新的山景缩写。[①]

① 本段所引，见智朴《盘山志》之《自序》，中国书店，1997 年，第 37 页。

图 12.3 智朴题"文殊智地" 杨新摄

智朴的"朋友圈"堪称豪华,王士禛、朱彝尊、孔尚任、宋荦、高士奇、王泽弘、陈廷敬、洪昇、沈荃等与其诗翰往还,王士禛、朱彝尊还为山志增色。他们受智朴之邀游盘,留下大量描写寺院名胜的诗文。[1]

作为画僧,智朴还曾作《盘山图》并遍邀题跋。从智朴自题的《盘山图》诗可知,此画以描绘上盘为主,惜已不传。庞垲《题盘山图寄赠拙庵和尚》诗可提供想象。

其一:

> 我梦盘山已十年,披图如在万峰巅。
> 何时挂杖寻师去,再证庞家居士禅。

---

[1] 关于智朴与清代文人的交游,《盘山志》留下大量诗文,尚未引起重视。本书限于体例和内容,不做详细讨论。

其二：

> 盘山岩壑写来真，马老重来住后身。
> 他日相逢好相识，笑余还是牧牛人。①

从现有文献观察，将盘山作为描摹对象的艺术活动，最早见于金朝。阎长言有《盘山招隐图》诗："画出中盘望归隐，鸣珂朝马尚迟迟。赋诗未敢轻相诮，却恐吾山也勒移。"②此诗为《盘山招隐图》作，该图已不可考。此后的元、明两朝，盘山并没有引起画家注意，倒是明代的版画中出现了盘山形象。智朴绘《盘山图》并邀众人题跋，属于典型意义上的"纸上雅集"，是清代艺术家将作品"经典化"的惯常手段，又因为《盘山图》的特殊题材而生成"卧游江山"的审美趣味。

可以说，一部《盘山志》成就了智朴在盘山千余年人文史中的地位。正是从智朴开始，北少林寺金元之交的历史被揭出。智朴首次引述了元代祥迈《辨伪录》、姬志真《云山集》中关于北少林寺的记载，虽有考订失实之处，但影响深远。

智朴两次到多宝佛塔礼佛，有《礼多宝塔》诗："去年曾到此，今日又重来。妙义难为举，塔门依旧开。"③诗中透露多宝佛塔有塔门可入，间接否定了佛塔为实心的传闻。他的朋友也多次提

---

① （清）庞垲《题盘山图寄赠拙庵和尚》，收入智朴《盘山志》补遗卷二，中国书店，1997年，第407页。庞垲，字霁公，号雪崖，康熙十四年（1675）中举，康熙十八年（1679）以博学鸿儒科授官翰林院检讨，参与修纂明史，后历任内阁中书舍人、工部都水司主事、户部广西司郎中，康熙三十七年（1698）调任建宁知府。著有《丛碧山房文集》八卷、《丛碧山房诗集》四十八卷。

② （金）阎长言《盘山招隐图》，收入智朴《盘山志》卷七，中国书店，1997年，第256页。阎长言，字子秀，号复轩，初名咏，后改名长言，金朝承安五年（1200）擢词赋科进士第一授状元，后留翰林院任职十年，工词赋，性豪放，门生众多。

③ （清）智朴《礼多宝塔》，收入智朴《盘山志》补遗卷三，中国书店，1997年，第422页。

到北少林寺及周边名胜。宋荦《重游盘山七首》诗称："中盘白塔院，少林红龙池。"[①] 这里的"中盘白塔院"，应该就是北少林寺塔院。洪昇《陪王昊庐先生游盘山》诗依游山路径，由远及近地描写了北少林寺景致："微闻钟杳杳，渐近水淙淙。倒影穿云塔，横枝迸石松。峰危欹紫盖，池古泻红龙。更上前山去，相将策短筇。"[②] 袁佑《赠青沟和尚》诗铺陈远寺寒钟等意象，以寄对好友的思念之情："青沟绝胜到人稀，远寺寒钟落翠微。多宝塔前双白鹭，悠悠时共野云飞。"[③]

清康熙时期，盘山事实上已形成一个以智朴为纽带的庞大文人群体，他们寄情山水，诗文往还，是清代历史上第一次对盘山集中的"人文塑造"，推动了盘山向人文名胜的过渡。这个群体在盘山人文史中绝无仅有。首先，他们生成的盘山文本相当完善，既有传统的诗文，还有盘山历史上首部山志，以及绘画作品，开清代艺术家用绘画描绘盘山名胜之先河。其次，智朴的朋友中不乏大儒，所谓"山以人名"，他们的诗文极大地丰富了盘山的文化内涵，提升了盘山的声望，进而吸引了更多关注的目光。第三，智朴和朋友的"人文塑造"为乾隆时期盘山诸寺院的大规模重修、乾隆敕纂《钦定盘山志》以及天津本土文人游盘作了很好的铺垫。

---

① （清）宋荦《重游盘山七首》，收入智朴《盘山志》卷八，中国书店，1997年，第291页。

② （清）洪昇《陪王昊庐先生游盘山》，收入智朴《盘山志》卷九，中国书店，1997年，第304页。洪昇，字昉思，号稗畦，又号稗村、南屏樵者，清代戏曲家、诗人。

③ （清）袁佑《赠青沟和尚》，收入智朴《盘山志》补遗卷二，中国书店，1997年，第395—396页。袁佑，字杜少，号霁轩，清初诗人、学者，长于著述，有《诗议疑义》《老子别注》《左史后议》《五鹿诗选》《馨闻偶记》《圃说》等。

智朴与康熙的交往

智朴与康熙的交往，是清代盘山佛教史中的"高光点"。他并没有与康熙探讨佛学，而是以文人与皇帝惯常的应制方式进行交流。智朴的文人气质是引起康熙关注的主要原因。他们的故事，严格讲与宗教无关。

康熙二十五年（1686）十二月一日，康熙在青沟禅院见到智朴。张朝琮《蓟州志》载：

> 命僧智朴作诗，智朴辞不会。上谕云："闻你会做诗，做一首看。"智朴请上命题，上以指画香几云："季冬一日幸盘山青沟应制。"智朴遵旨，赋截句一首"冷静峰头云水香，六龙车驾幸山堂。百年胜觐惟今日，块雨条风祝我皇"进呈。御览毕，命就者韵再做一首。智朴又赋截句一首"紫盖山前瑞霭香，金鞍玉勒簇茅堂。野僧林下承恩遇，载韵赓歌应不皇"进呈。御览毕，即于诗后余纸上御笔书十字："山从人面起，云向马头生。"又御笔书唐诗一首二十八字："月落乌啼霜满天，江枫渔火对愁眠。姑苏城外寒山寺，夜半钟声到客船。"①

他们第二次见面是在康熙四十三年（1704）二月二十日，时任蓟州知州张朝琮再次详细记录了召见的过程。康熙先是在净业庵用素膳，后由云罩寺至青沟禅院，时已傍晚：

> 召僧智朴入见，问话良久。皇上将智朴进呈接驾诗卷拈起云："我有和你的诗两首，你归方丈去罢。"智朴退出，

---

① （清）张朝琮《蓟州志》卷八《艺文志》之《宸翰》，清康熙四十三年（1704）刻本。

皇上命皇太子将御制和智朴诗誊出，皇太子至方丈云："万岁和你的诗。"智朴读未竟，圣驾幸方丈，于素绫上御书"铃铎盘（鸣）山下，田畴雨露恩"八句（图12.4），后书赐智朴和尚。又御书方丈对联曰："片石孤云窥色相，清池皓月照禅心。"（图12.5）赐智朴绿玉砚一枚，皇上云："是我用的，留与你罢。"智朴拜受，即跪请寺额。皇上云："我与你写，但只手颤，回宫都与你写来。还有御书心经赐你。你也写副对子看。我作你写罢。"是时，皇太子、十阿哥、十三阿哥俱侍立，太监持宫笺至，十三阿哥引纸，皇上云："你写'心对松峰静，经从花雨闻'。"智朴写毕，日将向暮，圣驾下山，往白涧庄驻跸。因天色黑暗，知州张朝琮备红灯一百对、火把一百对在路迎候。戌时，御前侍卫马武传旨："一路灯笼，问是知州预备的？但近处行幸，从无此例。你这里备了，他处必援以为例。以后照旧，不必预备。"①

　　这次召见，智朴已无第一次推辞不会作诗的矜持，康熙也颇为放松，二人像是老友聊天。康熙赐御书联、绿玉砚，更承诺回宫后再赐御书寺额和心经。康熙没有食言，三月十七日，他便差人将御书寺额送至青沟禅院，但他没有题"青沟禅院"，而是将寺院御题更名为"盘谷寺"。同时送给智朴的，还有御书泥金心经，以及石刻心经、金刚经、药师经各一部。三月二十二日，寺院住持德珍赴京谢恩并转奏康熙，想请回上次巡幸寺院时的御制诗和对联供养。康熙先让他回盘山，六月十六日，差人将早已写好并制匾的御制诗和对联送至盘谷寺。②

_____

① （清）张朝琮《蓟州志》卷八《艺文志》之《宸翰》，清康熙四十三年（1704）刻本。
② 本年智朴已体衰多病，无法赴京谢恩。笔者推测，智朴应该在康熙四十三年（1704）之后不久去世。

图 12.4 康熙赐智朴御书诗拓片

图 12.5 康熙赐智朴御书联拓片

康熙和智朴的交往，幸有张朝琮亲历并详细记录下来，为我们了解清代帝王与盘山僧人的互动提供了重要参考。有清一代再无此例，即便是对盘山更加钟意的乾隆，也没有与僧人如此密切的交集。康熙在盘山的亲民体恤之举，到了乾隆时期，则变成皇帝对山林大刀阔斧地营建。这个微妙的转换，符合祖孙二人不同的行事风格，也为盘山注入不同的人文内涵。

康熙两次召见智朴，丛林早就传为佳话。王士禛在寄智朴的书信中多次提及此事，饶有意味。其中一封信，是为了向智朴索求康熙的御书拓本："闻向者至尊驻跸，曾留御书寺中，不识已勒石否？得寄惠拓本以为珍秘。甚幸。"[1] 在另一封信中，他提及康熙召见之事："恭诵驾幸青沟纪事，足为丛林千古佳话，不但作此山一段公案也。"[2]《盘山志》能够与山共传，离不开这些大儒的帮助，王士禛为此留意前人诗文，多方搜罗，提供给智朴参考，"雪夜挑灯，每得古人片语只字，辄为狂喜，真书生结习，然亦不敢负吾师诿诿耳"[3]。

① （清）智朴《盘山志》卷四，中国书店，1997年，第188页。
② （清）智朴《盘山志》卷四，中国书店，1997年，第189页。
③ （清）智朴《盘山志》卷四，中国书店，1997年，第190—191页。

青沟和尚传

郑缵祖

　　盘山青沟和尚，名智朴，号拙庵。其先徐州人，张其姓，祖父州廪生，世攻书。父以志尚恬退，辄事耕稼，陶情山水间。母王氏，梦有公服二人，拽石柱百尺于户外，拽之不能动，觉而生师，为崇祯丁丑四月十四日。师幼多病，父母忧其难养也，许以出家。剃发时，年十五。受具足戒，年二十一。参洞宗得法于百愚禅师，则年二十五矣。初游匡庐，住五老峰。嗣游赣，住崆峒山。迨渡江抵杭，则住白岩，与位中禅师问答，机锋敏捷，名遂远播。

　　年三十五，始北游，爱盘山之青沟居焉。其地樵苏不入，自师结茅，蛟龙辟而虎豹远。不数年，琳宫绀宇，顿出奇观。师盖以挂月五峰为东五台，特开金刚窟，欲与牵牛老人往来游戏于其中耳。山无志乘，有之自师始。殚力搜讨，历九载而成。著有《盘谷》《电光》《云鹤》诸集。渔洋山人称其书为"释氏董狐，僧中迁固"，诗则"清昼灵一"，诚哉言乎。时有欲淆两宗者，师亟作《存诚录》以正之，反覆数千言，两宗赖以不紊，尤为有功名教云。先是驾幸盘山，命师赋诗，上大称赏，赐之御书。皇太子亦幸青沟，题"松石居"，并对联于方丈。皇长子题"卧松云"，盘山千松万石奇幻不一，额曰"松石尽之矣"。要非师道高德峻，何以倾动至尊，使山灵增辉一至此耶？既辑《盘山志》，复撰《台游记》并诗，命予为之序。并灾梨枣藏之名山，传之海内，一时贤士大夫山林隐逸，无不乐与之游。

　　中州少林寺达祖面壁，地主僧以其倾圮日甚，非有大愿力莫振宗风。闻师名，不远数千里，茧足空山，请开法席，辞以老。往返哀求，不得已应之三年，会有事不果行。师学行清苦，勇猛精进，凤年参方，闻道最早，晚岁静修，未尝少懈。间有问答，皆随缘指引，无事棒喝，时拈偈语，则新清特出，不落蹊径。山无徭役之苦，人有净土之乐，故四方檀信归之者多，尺素轮蹄，交驰于道，洵法门之领袖也。

师之门弟子，乞予为之传。予与师交好匪一日谊，不敢辞，即捉笔传之。然予之传之，亦惟述其耳目闻见之所及者而已，若夫耳目闻见之所不及，则又曷能传之哉！

郑缵祖曰：达摩西来，尽翻窠臼，不立文字，儒者称焉。师好著作吟咏，毋乃异是，岂知禅宗之衰已极，若不重以文字药之，其病盖未有瘳，即如明教中峰、紫栢、云栖诸老，皆以语言文字当机点化，使人感悟，师之作用又岂有异？乃论者谓，其诞与吕祖同，或佛或仙，是一是二。予谓佛称大金仙，仙亦佛也。究而言之，佛自佛，仙自仙，即诞与吕祖同，去浴佛之日不远。或仙或佛，予未之知，但知其为末世之津梁，于以砥柱法门应王太君之梦乎？然则天之生师，夫岂无故而然哉？

十三、乾隆的塑造

　　乾隆是清代盘山文人景观最重要的塑造者，赋予其显著的皇家山林特色。他尤其注重对象征性事务的操控，但并没有用历代帝王塑造泰山的方式来"经营"盘山。泰山象征着江山社稷，充满了神权与皇权交织的神圣感。盘山不具备泰山的这种政治属性，而是乾隆心灵的"后花园"。他通过兴建行宫、重修寺院、敕撰山志、命名景观、图绘胜景、题诗留刻等方式，对盘山进行了历史上规模最大也最为系统的塑造，既满足了自己亲近山林的需求，又彰显了雅好文事的趣味，亦是打造个人形象与铺陈帝国之盛的典型手段。我们可以从康熙对盘山的钟爱中找到乾隆上述行为的逻辑。一生都在追慕康熙的乾隆，将先人的趣味发挥到极致，并有意超越祖父。但是，他的做法和康熙存在很大差别，并不留意山野老僧的文采，反倒更喜欢以天子的视角睥睨众生，形塑山林。正是在乾隆手中，盘山完成由佛教名胜向人文名胜的转型。

　　客观地讲，乾隆对盘山的喜爱是由衷的，他在《静寄山庄十六景记》中说道："造物之灵，有独钟南北之分，鲜兼美也。而惟田盘，自太行而来，塞垣依此以筑，故介在南北之间，兼收雄秀之粹，卓为造物奥区焉。乾隆壬戌，黉缘往一游。自是山川之美，不能恝置。"[①]从乾隆四年（1739）到嘉庆二年（1797），他先后巡幸盘山32次，是历史上登临盘山次数最多的帝王，也是吟诵盘山留下诗歌最多的人。

乾隆在盘山实施了大规模的建设工程，其中就包括重修盘山诸寺院。《钦定盘山志》载，乾隆十年（1745），北少林寺"敕修大殿，悬御书'禅指直趣'匾"[②]。这是北少林寺历史上最后一次大修。此前的康熙年间，住持本住曾重修北少林寺。[③]尽管乾隆年间的重修规模远超康熙时期，但此时寺院依旧保持了深山古刹的状态。活跃于乾隆中后期的天津本土文人康尧衢有《过北少林寺》诗："北望少林寺，华岩洞口交。浮屠高揭路，侧径远封茅。山殿经年闭，僧门任客敲。徘徊下岭去，风急起松梢。"[④]此诗流露出一种出尘之境，"山殿经年闭，僧门任客敲"并非完全出于阐发诗兴，基本符合实情。

乾隆十年（1745）是盘山历史上的"大修"之年，乾隆还重修了千像寺、感化寺、天成寺、弥勒庵、卫公庵等寺院，并在千像寺旧址旁建静寄山庄行宫（图13.1），"嗣是规地建园，施金葺寺，迹之废者日以举，境之幽者日以出，上陵回銮，每憩止焉……不

---

① （清）乾隆《静寄山庄十六景记》，收入《钦定盘山志》卷首二。

② （清）蒋溥等《钦定盘山志》卷五。

③ （清）智朴《盘山志》卷三，中国书店，1997年，第157页。

④ （清）康尧衢《过北少林寺》，收入天津市蓟县盘山志编修委员会《盘山志》，天津社会科学院出版社，2005年，第310页。康尧衢，字道平，号达夫，清代天津知名文人，著有《海上樵人稿》《津门风物诗》《云构诗谈》等。

图 13.1 允禧《田盘山色图》之静寄山庄

数年之间，使田盘改观者，余也。"[①]

　　智朴《盘山志》为盘山山志之滥觞，乾隆对其并不满意，评价也不高："因索智朴志书读之，嗤其意求博，而辞失冗。夫耕问仆、织问婢，山经地志，文士之事。彼方外流，拘名象而滥砆碔砆者，何为哉！"[②]乾隆认为，编纂山经地志是文士之事，不是智朴这种方外之流的本业。在他眼中，智朴山志"其意求博，而

---

① 见乾隆为《钦定盘山志》所作序。盘山主要寺院在乾隆年间由内府出资维修，耗费十分巨大。乾隆三十四年（1769）正月，乾隆针对杨廷璋所上奏折，认为估修盘山各庙及独乐寺工程九处，共耗银四千八百余两，仅独乐寺一处就耗银一千三百余两，所费均属浩繁。而独乐寺重修后不久，尚属坚固，但耗资如此之大，显然是另有企图，蒙蔽于上，于是传谕杨廷璋，当年不修独乐寺，其余确需修缮的寺庙也待天气稍暖后据实进行。见《清高宗实录》第十一册，卷八百二十六。

② 见乾隆为《钦定盘山志》所作序。

辞失冗"，于是，他命蒋溥^①、汪由敦^②、董邦达^③等人纂修新志。从对智朴的态度上，可以看出乾隆的傲慢。但是，《钦定盘山志》基本沿用了智朴山志的体例和内容，并无发明之处，对智朴关于北少林寺的错误记载，包括云威禅师塔记的错录等，也未详察，而是完全照搬。《钦定盘山志》还收入大量君臣的应制诗文，也颇显冗杂乏味。其可取处，在于《图考》对寺院名胜的描绘，为今人提供了珍贵的盘山视觉资料。

乾隆还通过命名景观的方式来渲染盘山的"笔墨世界"，将盘山营造为理想中的山林。静寄山庄建成后，行宫主要建筑被列为御定内八景：静寄山庄、太古云岚、层岩飞翠、清虚玉宇、镜圆常照、众音松吹、四面芙蓉、贞观遗踪。盘山原有名刹和名胜被列为御定外八景：天成寺、万松寺、舞剑台、盘谷寺、云罩寺、紫盖峰、千相寺（千像寺）、浮石舫。这十六处景观被称为"山庄十六景"。《钦定盘山志》又有行宫新增六景：小普陀、农乐轩、雨花室、池上居、泠然阁、半天楼；附载十六景：古中盘、上方寺、少林寺、云净寺、东竺庵、东甘涧、西甘涧、莲花峰、双峰寺、法藏寺、青峰寺、天香寺、感化寺、先师台、水月庵、白岩寺。

乾隆在盘山留下大量题刻，目前可见摩崖题诗 118 首，其中

---

① 蒋溥，字质甫，号恒轩，蒋廷锡之子。雍正八年（1730）进士，乾隆八年（1743）授湖南巡抚，乾隆十年（1745）授吏部侍郎军机处行走。乾隆十三年（1748）擢户部尚书。乾隆十八年（1753）命协办大学士兼礼部尚书。乾隆二十四年（1759）授东阁大学士兼领户部，工书善画，有《恒轩诗钞》。

② 汪由敦，初名汪良金，字师苔，号谨堂、松泉居士。雍正二年（1724）进士，乾隆年间先后担任工部尚书、刑部尚书、吏部尚书，去世后加赠太子太师，学问渊深、文辞雅正、兼工书法，有《松泉集》。

③ 董邦达，字孚存、争存，号东山、非闻，雍正十一年（1733）进士，乾隆二年（1737）授编修，官终礼部尚书，善画山水，兼工书，画名重一时。

北少林寺存 7 首。[①] 这些题刻构成一个面目复杂的体系，也展现了一个复杂的帝王形象。如果说他对待智朴的偏见流露出一种促狭的观念，那么，他又有意识地通过题刻来彰显其谦逊大度。盘山今存有乾隆三十四年（1769）《济源盘谷考证》御书题刻（图13.2），乾隆在文中承认自己误将济源盘谷认作田盘，对蒋溥等编纂《钦定盘山志》时没有纠正错误提出批评，还不忘自省："陶渊明之不求甚解，在彼则可，在他人则不可，而在为人君者益不可。"[②] 乾隆将考证之文刻于山石之上，通过这种特殊的媒介广而告之，显然是为了让更多人看到他的自省。

命名景观和摩崖题诗，是一种张扬而文雅的显示帝王权势的手段，既蕴含了对山林"普天之下莫非王土"的占有权，又像是与遍布盘山的人文景观竞争话语权——作为帝王，乾隆指点的江山不仅改换新颜，还永久地留下了他的印记。这是一种趣味的"竞赛"，更因为皇帝加持，使盘山朝着"皇家山林"的方向发展，俨然乾隆一人的"后花园"。

清代中前期，绘画作为宫廷的重要艺术活动之一，不仅具有消遣笔墨、彰显风雅的功能，还在一定程度上承担了存照、记事和留档的作用，用以弥补文字难以传达的信息。这些带有纪实性

---

① 天津市文化遗产保护中心编著，杨新主编《盘山摩崖题刻调查报告》，科学出版社，2022 年，第 13 页。张蕾在《"早知有盘山，何必下江南"——乾隆帝与盘山的不解之缘》中称，乾隆帝非常重视这些可以长久保存的石刻御诗，乾隆八年（1743），仅（在盘山）镌刻一处御笔石碑，就花去白银五百八十二两七钱一分九厘。乾隆五十年（1785），乾隆帝发现盘山行宫石壁上镌刻的御笔诗句颜色太浅，龙颜大怒，下令将所有负责承办监造的官员交内务府大臣议罪，命令御书处官员自带干粮前往盘山返工。张蕾文见《中国档案报》，2018 年 10 月 19 日第四版。文中所述乾隆五十年（1785）事，见《为盘山行宫石壁上镌刻御笔诗句甚浅，着罚御书处自备资斧，前来加深镌刻，所有承办监造官员著交内务府大臣议罪事》，乾隆五十年三月十四日，中国第一历史档案馆藏清宫廷档案：明发上谕，档号：03–18–009–000048–0001。

② 天津市文化遗产保护中心编著、杨新主编《盘山摩崖题刻调查报告》，科学出版社，2022 年，第 131 页。

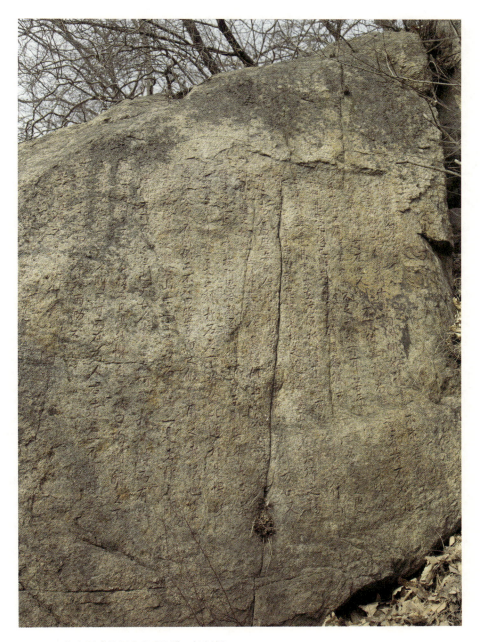

图 13.2 乾隆题《济源盘谷考证》 杨新摄

质的宫廷绘画，大致分人物写真、事件记录、舆地纪胜三类。乾隆和他的词臣画家绘制了一批盘山图，主导生成一个内涵丰富的盘山视觉系统。这些绘画虽然很难归入上述三类，但同样具备山水写真的特性，同时又因为词臣画家的参与，较之一般的舆地图和《钦定盘山志》中的《图考》更具笔墨趣味。故宫博物院藏署为乾隆所作的《盘山图》（图13.3），应是代笔之作，此图绘盘山全景，可见天成、少林、千像、古中盘、万松、盘谷、云罩七所寺院，其中少林寺处于画面中间，旁绘多宝佛塔，空间关系与《钦定盘山志》中的北少林寺图大体一致，但没有后者那么细致。此图留有乾隆34段题跋，密密麻麻地布满整个画幅。乾隆不仅在真实空间中塑造着他的"皇家山林"，还在绘画中着意营造理想空间，记录游山经历。邵彦认为：《盘山图》轴通过大量的纪年题诗，使静态的空间在时间流动中获得新的意义，使寻常的自然景色也承载起纪年的功能，从而使个人化的山水题材转而获得意识形态上的重要性。[①]

另一件乾隆所作盘山题材画作，为《盘山千尺雪图》，现藏故宫博物院。此画作于乾隆十八年（1753），记盘山静寄山庄千尺雪之景，笔墨中可见学董邦达的意味，但稍显稚拙，应为乾隆亲笔。千尺雪为明代隐士赵宧光所创，乾隆南巡得见此景后念念不忘，于北京西苑淑清院、热河避暑山庄、盘山静寄山庄各仿其景，并名为千尺雪（图13.4）。

故宫博物院还藏有一幅《盘山静夜图》，无名款，绘静寄山庄夜色，画中有乾隆帝在乾隆二十八年（1763）至乾隆五十年（1785）的题识10则，裱边另有4则题记，分别书于乾隆五十四年（1789）、五十六年（1791）、五十八年（1793）和嘉庆二年（1797）。

---

① 邵彦《时空转换中的行宫图像——对几件〈盘山图〉的研究》，《故宫博物院院刊》2008年第1期。

图 13.3 乾隆《盘山图》 故宫博物院藏

图 13.4 乾隆题"千尺雪" 杨新摄

　　在词臣画家绘制的盘山图中，最为知名者当属董邦达《田盘胜概图》《盘山十六景图》（图 13.5）[①]。董邦达颇受乾隆推重，还参与绘制了《钦定盘山志》版画图稿。允禧是康熙第二十一子，清代宗室画家中的佼佼者，画学王原祁、王翚，属典型的文人画，有《田盘山色图》十六帧[②]，画页皆为细笔青绿，内容涉及盘山诸名胜，如静寄山庄、千像寺、万松寺、天成寺、北少林寺等，画中景物刻画细致，房屋多为灰瓦屋顶，唯静寄山庄画页中有黄琉璃瓦屋顶。每开画页均有对题，诗页除了允禧书乾隆御制诗外，还有允禧书唱和诗，为允禧应制所作。其中对北少林寺的刻画，看似对景写真，实则以经营布局为要，并不拘泥于现实中的山水。

　　乾隆的宫廷画家也绘制过盘山图。姚文瀚工道释、人物、山水、界画，技法全面；袁瑛的山水也以工稳著称。二人合作的《盘山

_____

　　① 《田盘胜概图》由私人收藏，《盘山十六景图》藏于辽宁省博物馆。

　　② 此画藏于故宫博物院。

图》①长 4.4 米，宽 3.5 米，尺幅巨大，气势不凡。邹一桂《盘山图》②有乾隆御题，笔墨的皴擦味道浓重。宫廷画家也为乾隆代笔，绘制了盘山题材的作品。

乾隆主导生成的盘山绘画作品，最大的特色便是不厌其烦地在画幅中题诗。这些题诗应当纳入创作的一部分，或者说本身就是盘山图像的有机组成，与乾隆在盘山留下的题刻类似，它们不仅"使静态的空间在时间流动中获得新的意义"，还在于"饱游饫看"——当皇帝无法亲临盘山时，展读画作、想象林泉并留下诗作，无疑是另一种亲近山林的方式。这种方式虽然架空了游山的现实，但让他获得对盘山全方位的占有（图 13.6）。

乾隆留下 1700 多首与盘山有关的诗作，其中吟诵盘山寺院诗作 270 余首，提及北少林寺的有 28 首（图 13.7），在题诗数量上无出其右，尽管味同嚼蜡，但也具备一定的诗史价值。③ 他是第一个在诗中将盘山北少林寺与嵩山少林寺并提的人，凸显了探知寺院历史的浓厚兴趣。比如，乾隆三十七年（1772）有"少林元代寺，数典自嵩山"④；乾隆三十九年（1774）又有"少林有南北，对峙不为孤"⑤。

乾隆第一次为北少林寺留诗，是乾隆十年（1745）题慎郡王的《田盘山色图》。乾隆十二年（1747），他在诗中谈到了初见寺院的感受，并将北少林寺与嵩山少林寺放在一起讨论，认为"是一是二堪参"：

---

① 此画藏于台北故宫博物院。

② 此画藏于台北故宫博物院。

③ 乾隆题北少林寺诗作，详见本节附录。

④ （清）乾隆《少林寺》，引自《乾隆蓟州诗集》，吴景仁辑注，天津社会科学院出版社，2004 年，第 430 页。

⑤ （清）乾隆《少林寺》，引自《乾隆蓟州诗集》，吴景仁辑注，天津社会科学院出版社，2004 年，第 475 页。

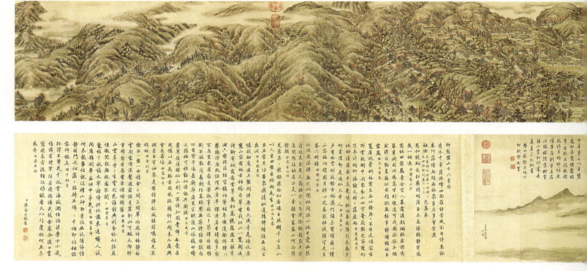

图 13.5 董邦达《盘山十六景图》 辽宁省博物馆藏

是处由来初地，会心都契法源。

岩悬水出嵌隙，路转人度松门。

少林名自少室，是一是二堪参。

忽坐壶中天半，下临万壑千岚。

俯仰似沾花雨，布施非为福田。

幽阒自彼无俗，山林于我有缘。[①]

乾隆五十六年（1791）春，他巡幸盘山，本年题北少林寺诗

---

① （清）乾隆《少林寺》，引自《乾隆蓟州诗集》，吴景仁辑注，天津社会科学院出版社，2004年，第72页。"是一是二"是乾隆经常使用的一个意象，这个意象在乾隆时期的绘画和诗文中屡屡出现。今故宫博物院藏数幅《是一是二图》，画中有两个乾隆，一个是挂在屏风上的乾隆肖像，一个是与乾隆肖像对视的乾隆本人。他在每幅作品中题诗"是一是二，不即不离。儒可墨可，何虑何思。"乾隆不仅对这种源自宋人的绘画图式情有独钟，还显示了他对"是一是二"的思辨趣味的偏好。从绘画角度理解乾隆将"是一是二"用在北少林寺的吟诵上，也可以丰富我们对其艺术活动的认识。关于对《是一是二图》的解读，可参阅彭锋《后素：中西艺术史著名公案新探》一书的相关讨论。

　　可以看作对寺院历史的典型观点：

　　　　少林本在嵩之阳，此寺名同缘慕蔺。
　　　　亦如彼盘讹是盘，同与殊亦弗劳问。
　　　　适才中盘略骋畅，暇有余乘兴无尽。
　　　　涉涧度岗攀薜萝，径非遥欣路犹近。
　　　　梵宇更即少林称，竟如缩地豫境信。
　　　　精室恰粘忆豫诗，昔歉今丰转旋迅。
　　　　忧慰念无非为民，然觉忧多慰每仅。
　　　　片刻借可清心神，东谷犹佳命舆进。①

　　乾隆笃信少林寺本在河南，盘山的少林寺之所以与之同名，

---

① （清）乾隆《少林寺》，引自《乾隆蓟州诗集》，吴景仁辑注，天津社会科学院出
　　版社，2004年，第737—738页。

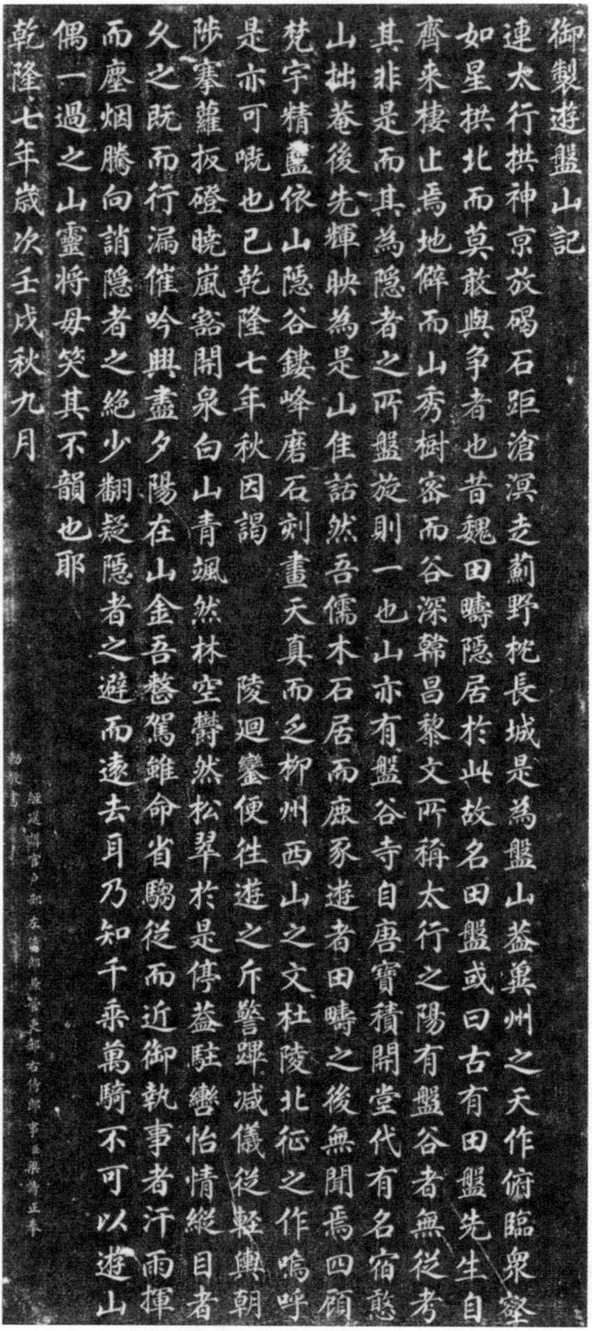

（拓本正文，自右至左）

御製遊盤山記

連犬行拱神京攷碣石距滄溟走薊野柁長城是為盤山葢薊州之天作俯臨泉壑如星拱北而莫散與爭者也昔魏田疇隱居於此故名田盤或曰古有田盤先生自齊來樓止焉地僻而山秀樹客而谷深幃昌黎文所稱太行之陽有盤谷者無從考其非是而其為隱者之所盤旋則一也山亦有盤谷寺自唐寶積開堂代有名宿憇山拙卷後先輝映為是山佳話然吾儒木石居而麋豕遊者田疇之後無聞焉四顧梵宇精藍依山隱谷鐮峰磨石剡畫天真而乏柳州西山之文杜陵北征之作嗚呼是亦可嘅也已乾隆七年秋因謁陵廻鑾便往遊之斤警蹕減儀從輕輿朝久之既而行漏催興盡夕陽在山金吾慫駕命省騶從而近御執事者汗雨揮陟寨蘿礙曉嵐嚣開泉白山青颯然林空礐然松翠於是傅益轡彎怡情縱目者而塵烟騰向誚隱者之絕少翻疑隱者之避而遠去耳乃知千乘萬騎不可以遊山偶一過之山靈將毋笑其不韻也耶

乾隆七年歲次壬戌秋九月

勅敕書

經筵講官少卿在工部右侍郎事臣梁詩正書

图 13.6 乾隆《御制游盘山记》拓本

图 13.7 乾隆题《少林寺》诗 杨新摄

是因为追慕前者，然后联系自己误将济源盘谷认作蓟州田盘之
事，认为"同与殊亦弗劳问"。乾隆应该读过智朴《盘山志》和
《钦定盘山志》对北少林寺的相关记载，但显然没有考辨名物、
精研史实的耐心，所谓"名同缘慕蔺"，是出于猎奇的误读。然
后他回忆自己巡幸河南嵩山少林寺的场景，念及豫地干旱，又表
达了忧慰民艰的心情。

　　乾隆五十八年（1793），年逾八十的乾隆最后一次为北少林
寺题诗，依然念念不忘南北两座少林，但终于不再纠结"是一是
二"的问题，直言"寺名宛同豫"，并追忆巡豫情形，开始感慨
时间飞逝，"瞥眼如回顾"：

　　　　中盘循转途，少林觅进路。

出谷过石涧，泉流几曲渡。

非险亦弗遥，咫尺见僧户。

朴斫称山居，寺名宛同豫。

忆我巡豫时，曾貌面壁处。

别来四十年，瞥眼如回顾。[①]

　　如同他在《盘山图》上的题跋，这些诗连缀起来后便生成了时间的意义，诗味索然并不能掩盖其纪年价值。可以说，北少林寺是包裹乾隆一生行迹的时间胶囊。

---

① （清）乾隆《少林寺》，引自《乾隆蓟州诗集》，吴景仁辑注，天津社会科学院出版社，2004年，第766页。

乾隆之于盘山

有清一代，盘山完成了由佛教名胜向人文名胜的转型（盘山历史上大致经历了两次重大转型，一是由自然景观向佛教名胜转型，二是由佛教名胜向人文名胜转型），乾隆在其中是一个绕不开的人物。正是由于乾隆有意识地、系统性地塑造，盘山才成为真正意义上的文化名山。

盘山向人文名胜转型的标志性因素有以下几个：一是人的因素。因为人的参与和活动，才为盘山注入了灵魂。无论是历代僧人、文人还是各级官员，或者是乾隆等帝王，他们在盘山的活动可以形成一个线性叙事，使盘山这个相对静态的空间具备了时间属性和一种可述说性。二是附着于山林的各类遗产，亦即前述盘山人文遗产中的实体遗产。三是本文遗产，此类遗产既与山林密不可分，又具有相对独立性。这三个因素是相互影响的，尤以乾隆为甚。他为盘山留下的人文遗产几乎无所不包：建筑、园林、史志、绘画、诗文……尽管他六下江南，但靠近京师的盘山才是完整容纳其趣味、爱好的"容器"。

乾隆之于盘山，为我们了解古代胜迹的塑造提供了一个绝佳样本。作为天子，他可以随心所欲地使用自己喜欢的方式来塑造山林。这些方式，根植于古老的传统文化，又几乎囊括了古人所有的风雅趣味，大致可分两类：一类是对"迹"的塑造，比如建设静寄山庄、重修寺院、摩崖题刻。他甚至直接挪用明代江南文人塑造的"千尺雪"之景，在盘山毫不避讳地复制。"迹"与山林浑融一体，既是一种新的人文景观，又对接了盘山悠久的历史文化，比如静寄山庄选址千像寺，可视为新与旧的层累。这些人文景观标识和指认了盘山作为"皇家山林"的属性。另一类即文本塑造，是一个存在于命名、书写、描绘中的盘山景观，比如组织撰写《钦定盘山志》，命名景观、图绘盘山等。在清代中期嗜古之趣大兴的背景中，乾隆可以说是一个将形式"玩"到极致并走在时尚前沿的文人。可以将他的上述举动理解为一种带有复杂意涵的艺术行为，盘山就是一张画纸，他不仅在画纸上经营位置、随类赋彩，还不断地解读它。尤其是山志、命名、题刻、图绘等方式，都证明了乾隆对盘山的兴致并不限于体味自然之境，更在于生成文本化的风景进而得到创造和解释的愉悦。乾隆的做法，还突破了"迹"与"文"、"主体"与"客体"的界限。实体景观与文本景观之间呈现出一种复杂的互动和张力，比如，他的题诗以摩崖石刻的方式遍布山林，也大量留在描写盘山的绘画中，诗文不仅具有题咏的意义，更因为存在形式的转换而具备了山林景观、绘画构成的多重属性。同时，他既是盘山人文景观的重要塑造者，也是最权威的解释者，他以正统文人的姿态鄙视智朴《盘山志》并有意以帝王的权威独占对盘山历史文化的解读权，体现了一种自我作古的强势。正是在乾隆的时代，盘山完成向人文名胜的转型。

乾隆题北少林寺诗 [①]

少林寺

《题慎郡王〈田盘山色图〉十六帧》之一

乾隆十年（1745）

精蓝据层岭，烟磴凡几叠。

丁星缀紫茸，烂漫纷红叶。

北山鲜移文，西域饶梵箧。

少室本同名，跋陀尚能接。

少林寺

乾隆十二年（1747）

是处由来初地，会心都契法源。

岩悬水出嵌隙，路转人度松门。

少林名自少室，是一是二堪参。

忽坐壶中天半，下临万壑千岚。

俯仰似沾花雨，布施非为福田。

幽阒自彼无俗，山林于我有缘。

少林寺

乾隆十四年（1749）

禅室坐清秋，诸天云上头。

---

① 历代诗人咏北少林寺（法兴寺）诗见本书所录。此处只录乾隆所作，凡28首。其中，有些诗作并非专写北少林寺，谨作说明。

一心何挂碍，万景自纷投。

无暇搜佳句，惟教纪胜游。

山庄看已近，墙外石泉流。

望少林寺
乾隆十五年（1750）

半天楼上开窗户，万笏丛中望少林。

云际梵音常缥缈，松梢塔影自森沈。

欣于所遇何空色，乐在其间足古今。

笑我闲愁经半岁，何妨一晌空尘心。

半天楼望少林寺
乾隆十七年（1752）

云构倚天幕，霞标据月窗。

临虚兹独迥，揽景信无双。

塔影林端矗，泉声涧底淙。

问伊茅屋下，居士可称庞。

少林寺
乾隆十七年（1752）

我爱田盘惬素怀，丛林往往入幽佳。

鸟啼花落禅家旨，云白松青静者谐。

有所会心常命笔，无多得句也镌崖。

山灵莫笑轻唐突，会使群峰一例皆。[1]

少林寺

乾隆十九年（1754）

精蓝盘谷口，纵望纳徐无。
万里太行麓，千年双桧株。
稍停参净业，随意作清娱。
得句还前进，名山宁可孤。

过少林寺

乾隆二十年（1755）

少林经过漫留憩，结念上方云外层。
只个禅房快披赏，搞毫飞兴我原曾。

少林寺

乾隆二十一年（1756）

径下盘纡蹀嶵岿，新诗检点讶奇哉。
恰如指月录开读，七偈拈从七佛来。

---

① 此诗刻于今北少林寺遗址东南。

少林寺

乾隆二十三年（1758）

少林才隔岭，宛转足千盘。
冰筋垂细流，松涛翻响寒。
禅枝延慧日，色界作空观。
既曰应如是，何生法喜欢。

少林寺叠旧作韵

乾隆二十五年（1760）

山深春似秋，得地万松头。
自谓无佛分，其如与我投。
五言促成句，一晌适清游。
策骑往云净，钟声下界流。

少林寺

乾隆二十八年（1763）

盘谷依太行，云林寺每藏。
言旋自东竺，津逮是嵩阳。
双树净无我，三乘乐且常。
松门跋予马，衣袂尚余香。

望少林寺未入

乾隆三十一年（1766）

适才别中盘，径欲往东竺。

少林路所经，过弗入庵屋。

身诇觉其愐，意固有所属。

何处非大士，骨髓与皮肉。

点到不重提，一时聊即目。[①]

少林寺

乾隆三十四年（1769）

昨日半天楼上见，今日古中盘里回。

过而弗入似疏懒，别室况复清绝埃。

阇黎公案落熟句，白青石松御驾来。

来则不无答则有，颇贻松石笑汝哉。

游古中盘

（其中四句）

乾隆三十五年（1770）

少林别岐路，砟硌还跻攀。

须臾入松门，红墙出簇攒。

---

① 此诗刻于今北少林寺遗址东南。

过少林寺

乾隆三十五年（1770）

中盘小坐净业熏，

因之稍憩仆从群。

言别策骑前途遵，

结念东竺凌峰云。

少林正介途所分，

过而不留亦可欣。

僧尒延望徒劳勤，

吾弗见布而疑赝，

到即不点古有云。①

半天楼上望少林寺塔因而有会

乾隆三十五年（1770）

少林寺中塔，云罩看涧底。

半天楼上看，塔又半天里。

寻常看楼处，彼更低于此。

然则半天名，究竟宜谁是。

一日尽历之，无过游戏耳。

少林寺

乾隆三十七年（1772）

少林元代寺，数典自嵩山。

---

① 此时刻于今北少林寺遗址东南。

是日乘游兴，因之一叩关。

庭松听佛偈，野鸟共僧闲。

小别石桥过，犹闻涧水潺。①

少林寺

乾隆三十九年（1774）

少林有南北，对峙不为孤。

忍草一庭静，禅枝万嶂扶。

闲轩聊可憩，佳景自相输。

忆逊豫巡者，曾临面壁图。②

少林寺

乾隆四十年（1775）

石桥过处见红墙，复有金仙古道场。

不二法门泯名象，分来底借说嵩阳。③

登半天楼作歌

（其中四句）

乾隆四十七年（1782）

少林俯望半天楼，不啻眼下与足底。

山庄内则斯最高，故有半天之比拟。

---

① 此诗刻于今北少林寺遗址东南。

② 此诗刻于今北少林寺遗址东南。

③ 此诗刻于今北少林寺遗址东南。

少林寺
乾隆四十七年（1782）

屡降复频登，招提处处凭。
不过付一览，谁与问相应。
法界本无异，嵩阳底藉称。
偶思面壁石，摹像我犹曾。

少林寺
乾隆五十年（1785）

盘阿命返辔，诡栈度行旆。
处处开净域，如如谒法筵。
祇林拟嵩少，精舍试吟篇。
因一南驰兴，别来卅五年。

少林寺
乾隆五十二年（1787）

少林名寺久，津逮自嵩阳。
嵩阳昔曾游，彼此千里长。
然而一念间，咫尺非殊疆。
调御坐如如，色相泯幻常。
我实忧劳人，豫省廑弗遑。
前年被旱苦，昨岁登秋偿。
元气稍复乎，肯因游豫忘！①

---

① 此诗刻于今北少林寺遗址东南。

东竺庵

（其中四句）

乾隆五十二年（1787）

少林东转北，稍向西而往。
竺庵原在兹，熟路非初访。

少林寺

乾隆五十四年（1789）

中盘向北为少林，展转之间即殊观。
锁径薜萝碎岩扉，拂帽松柏谡涛栈。
梵宫数典嵩之阳，忆我庚午曾伴奂。
尔来三十有余年，瞥眼何殊今昨换。
壁诗丁未重一看，缱念民艰曾浩叹。
未申之秋幸屡收，兹来遥庆豫民晏。
曰忧曰慰纷吾衷，调御堂堂坐而案。

少林寺

乾隆五十六年（1791）

少林本在嵩之阳，此寺名同缘慕蔺。
亦如彼盘讹是盘，同与殊亦弗劳问。
适才中盘略骋畅，暇有余乘兴无尽。
涉涧度岗攀薜萝，径非遥欣路犹近。
梵宇更即少林称，竟如缩地豫境信。
精室恰粘忆豫诗，昔歉今丰转旋迅。
忧慰念无非为民，然觉忧多慰每仅。

片刻借可清心神，东谷犹佳命舆进。

少林寺

乾隆五十八年（1793）

中盘循转途，少林觅进路。

出谷过石涧，泉流几曲渡。

非险亦弗遥，咫尺见僧户。

朴斫称山居，寺名宛同豫。

忆我巡豫时，曾貌面壁处。

别来四十年，瞥眼如回顾。

十四、盐商足迹

在关于盘山的诗文中，有一种日记体游记——游盘日记，可看作盘山文本体系中最为独特的一种。这种文体滥觞于明代，李元阳、王衡、唐时升、袁宏道、刘侗等人均有文记盘山[①]，至清代中前期，孙廷铨、高士奇、王煐、阮旻锡、郑缵祖、龙震、乾隆等也有盘山游记，体例与明代大体一致，以写景状物为主，尚不具备日记属性。[②] 乾隆时期，天津本土盐商在上述游记的基础上，定型了游盘日记的文体形式，以清晰的时间为线，诗文杂糅并用，记游、状物、抒情兼备，对民国傅增湘、周肇祥等的游盘文本影响深远。

清代中前期，作为行政区划概念的天津，与盘山并无隶属关系，但在广义的文化空间中，双方已发生频繁互动。这种互动是

[①] 李元阳有《游盘山舞剑台记》，王衡、唐时升、袁宏道有《游盘山记》，刘侗有《盘山记》。

[②] 孙廷铨有《游盘山千像寺记》，高士奇有《赐游盘山记》，王煐、龙震、乾隆有《游盘山记》，阮旻锡、郑缵祖有《盘山记》，乾隆还有《静寄山庄十六景记》《盘山千尺雪记》。

由天津本土盐商引发的，是盐商对本土文化的贡献。彼时，天津正由"鱼盐武健之乡"向古代传统城市转型，人口结构、经济支柱、基本面貌乃至政治属性、区域地位都发生了明显变化。尤其是以大运河为轴线的南北交通促进了官商及士人的往来融合，天津作为运河城市，地处京畿要冲，商业繁荣、人才富集，开始生成具有地域特色的文化。盐商作为亦商亦文群体，是促成城市转型的重要力量。他们大兴园林、广结文士，兼具诗词书画等文人素养，形成一个以其为核心、以亲朋为网络、以家族为传续、以交融为特征的文化群体。

盐商走在了时尚的前沿，他们不仅营造园林，还承袭明代以来文人亲山乐水的趣味，与朋友郊游远足，领略水软山温。盘山是他们颇为中意的名胜。其中，初代盐商张霔[①]不事功名，醉心艺术，曾游盘山并与智朴和尚交好。第二代盐商——水西庄查为仁[②]、查礼[③]兄弟也先后携友人游盘，查为仁是游盘日记这一文体最终定型的标志性人物。第三代盐商金玉冈[④]是天津著名艺术家，被誉为"十八世纪徐霞客式的文人旅行家"[⑤]，也多次游盘并留下画作（图 14.1）。

可以把盐商畅游盘山的活动看作一种广义上的艺术行为，借以生成趣味的方式大致有三种：一是在旅游时节、线路选择上标新立异。查为仁寒冬与友人领略雪中盘山之景，查礼则选择在深秋远足。二是在探访的自然和人文景观上与俗众保持距离。他们

---

① 张霔，字念艺，又字帆史，号笨山、秋水道人，馆名绿艳亭，天津初代盐商张霖堂弟，本土诗人、书法家。

② 查为仁，字心毂，号莲坡，又号莲坡居士，天津盐商查日乾长子，水西庄第二代主人，以诗文著称于世，著有《蔗塘未定稿》《莲坡诗话》等。

③ 查礼，原名为礼，又名学礼，字恂叔，号俭堂，又号榕巢、铁桥等，天津盐商查日乾幼子，累官至湖南巡抚，未赴任便病逝于京，清代诗人、画家、收藏家。

④ 金玉冈，字西昆，号芥舟，天津盐商金平之孙，不事功名，工山水，能诗文，好游山。

⑤ 王振德《金玉冈与金氏书画》，收入《王振德艺文集》第六卷，穆中伟主编，天津人民出版社，2009 年，第 129 页。

图 14.1 金玉冈绘《峰顶云罩挂月图》 天津博物馆藏

大都寻访石刻碑记，亲近禅院寺僧，展读先贤笔墨，同时又不满足于单纯的观看和阅读，还在聆听梵音中接受精神洗礼。三是游踪以诗文和书画的形式记录下来，为盘山注入新的文化内涵。下面，我们就以查氏兄弟为例，简述其游山经历。

乾隆五年（1740）二月初三，查为仁与朱岷①、陈皋②、陆宗蔡③等同赴盘山游玩。此次出游并非一时兴起，"仆于盘山之游，胸结二十年矣。每一发兴，辄为事阻。"④众人得暇并且是苦寒时节出行，显得相当急迫。吴廷华⑤道出了原由："言三盘之胜者，曰松、曰石、曰水，雪则未之闻也。夫蓟北苦寒，何地无雪？而三盘之雪，独传于莲坡诸君子之游。"⑥概言之，他们的兴致就在于踏雪登山。

众人于二月初三至十一日，一路攀援历险，探幽览胜，共得诗七十一首、游记九篇。后，查为仁将诗文集为《游盘日记》并收入《蔗塘未定稿》。《游盘日记》以日记形式出现，文体也较明清文人的游记不同，既录行踪，又集诗文，属于典型的日记体例，记载颇为详细。有清一代，正是查为仁定型这种文体，并将其发挥到极致。

初八日，查为仁在青沟禅院受到寺僧接待，寓目智朴和尚与王士禛、朱彝尊、宋荦、王泽弘等人考订《盘山志》的书信，前辈风流，如在眼前。该日，查为仁还倩朱岷在盘山题刻，其《游

---

① 朱岷，字仑仲，一字导江，号客亭，原籍江苏武进，客寓水西庄，与查氏兄弟交好，后占籍天津，对天津本土艺术影响深远，书画家、诗人。

② 陈皋，字对鸥，浙江钱塘人，陈章之弟，客寓水西庄，与查氏兄弟相往还，诗人、书法家。

③ 陆宗蔡，号染香子，寄寓水西庄，曾跟随查为仁读书。

④ （清）查为仁《游盘日记》，收入《蔗塘未定稿》之《蔗塘外集》。

⑤ 吴廷华，字中林，号东壁，初名兰芳，乡贡后改名廷华，浙江杭州人，官兴化府通判，乾隆初荐修《三礼》，撰《仪礼章句》，还著有《三礼疑义》《曲台小录》等，与水西庄查氏兄弟交好。

⑥ （清）吴廷华《游盘日记序》，收入《蔗塘未定稿》之《蔗塘外集》。

图 14.2 朱岷盘山题记 杨新摄

盘日记》有载。今盘山依然可见刻有朱岷字样的题记，字迹虽然不甚清晰，但可与游记互证（图14.2）。

初九日，众人游北少林寺，"行数里，至少林寺。寺有多宝塔，岩间有红龙池，晤寺僧远润。殿庭有两古柏，大可数围，枝满殿宇。"[1]寺内柏树早在智朴的时代就已知名，智朴还将其写入《盘山志》。天色将晚，大家还想登中盘天香、感化诸寺，但在劝说下，才取平道下山。

查为仁留诗《自上方寺踏雪至少林寺观多宝塔》：

积雪遍山野，冰滑虚岩危。
中盘不可诣，少林亦难窥。
兴发身命小，幽峭遍力追。
童仆苦规谏，同游意已颓。
独余胆不慑，历险神逾怡。
茑萝随扳援，荆榛频分披。
不虑屐齿折，宁惜挂杖摧。
到门日欲侧，返景明崦嵫。
千花现宝塔，淹漾红龙池。

---

① （清）查为仁《游盘日记》，收入《蔗塘未定稿》之《蔗塘外集》。

回视九华峰，渺渺玉参差。①

北少林寺在查为仁那里，俨然一个被"征服"的对象。古刹在望，但冬日深山险阻重重，童仆规劝、同游意颓，丝毫阻挡不了他登临的兴致。

朱岷作同题诗记北少林寺：

> 山腰积雪白层层，扫径偏怜拥帚僧。
> 指点少林云外寺，尚留余兴踏春冰。②

陆宗蔡也有《少林寺》诗：

> 我来问兰若，檐铎半空闻。
> 心冥三千界，闲分一半云。
> 古松穿石隙，野竹破苔文。
> 归路尤清绝，篮舆赋夕曛。③

当年八月，查为仁弟弟查礼与汪沆④、万光泰⑤、胡睿烈⑥等踏上游盘旅途，出游的时间和路程超过哥哥。除了盘山，他们还远至京西香山、翠微、潭柘诸山。现摘录万光泰《柘坡居士集》

---

① （清）查为仁《自上方寺踏雪至少林寺观多宝塔》，收入《游盘日记》，见《蔗塘未定稿》之《蔗塘外集》。

② （清）朱岷《自上方寺踏雪至少林寺观多宝塔》，收入《游盘日记》，见《蔗塘未定稿》之《蔗塘外集》。

③ （清）陆宗蔡《少林寺》，收入《游盘日记》，见《蔗塘未定稿》之《蔗塘外集》。

④ 汪沆，字师李，一字西颢，号艮园，又号槐塘，浙江杭州人，善诗文，为学极博，曾寄居天津水西庄。

⑤ 万光泰，字循初，浙江嘉兴人，乾隆初举人，以诗文著名，亦善画山水，有《柘坡居士集》，与水西庄查氏兄弟交好。

⑥ 胡睿烈，字文锡，号炅斋，天津人，与水西庄查氏兄弟相交最契。

对这次行程的记载，其体例与查为仁《游盘日记》一致，应该是受到了查为仁的影响：

　　八月十一日，恂叔（查礼）招同西颢（汪沆）、文锡（胡睿烈）游盘山。晡时，于杨村渡河。

　　十二日，过宝坻，二更至崔黄口。"日中抵县城，日落尚村市。扣门宿店稀，二鼓行未已……仰看中天月，照地如白水。我亦田间人，何为不蹠末。"

　　十三日，自邦军入山，停车莲花池，步至天成寺。少息。至西甘涧，老僧法天出所藏李隐士琴，观之。又引观元全真王栖真所居石龛。至东甘涧，还宿天成寺楼。

　　十四日，由东甘涧樵径至古中盘。登正法寺阁，望紫盖峰。下阁，避雨于五松堂。雨霁，过中盘，饭于少林寺。至红龙池，观明正德十年除夕卢师邵等题名。出黑塔峪沟，失道，陷深谷中。攀绳而上，至上方寺。夜宿东竺庵。

　　十五日，游云罩寺，登自来、挂月二峰。下山，历石筍洞、青沟禅院、万松寺。上剑台，玩月翠屏峰下。

　　十六日，乘山舆，至感化寺。又至天香妙祥寺，寺多柿，一池养鱼，云冬寒则纳之于井。又至祐唐寺，观洗钵池、摇动石，唐咸通时碑尚存。还至鲸甲石，是众水交会处。再宿东竺庵，夜大风。

　　十七日，重过上方寺，遂至山后，游青峰、法藏、双峰诸寺。[①]

　　这些诗文收入万光泰《柘坡居士集》时，并没有冠以游盘日记的名字，但基本沿袭了查为仁的路数。此次出行也颇险，十四

---

　　① 见万光泰《柘坡居士集》卷四，上引为摘录。汪沆《槐塘诗稿》卷六对此次出游亦有记载，但写作乾隆六年，应为误记。

日"出黑塔峪沟，失道，陷深谷中"，众人"攀绳而上"。除了欣赏山水景致，大家还探幽访古，流连于盘山的寺庙之间，"观元全真王栖真所居石龛"，按前述，王栖真可能是王志谨。他们还在北少林寺旁观看明正德十年（1515）卢雍等人的题名，赏千像寺"唐咸通时碑"（此碑信息仅见于万光泰记载，对了解千像寺及千像寺造像历史极为重要，尚未引起学界重视。另参智朴《盘山志》关于千像寺"唐开元中建"的说法，可以确信千像寺始建于唐，始建年代不晚于咸通时期），趣味大体与查为仁相似。

查礼没有详细记录这次出游，似乎有意避开哥哥和万光泰的诗文，不作趣味"竞争"。他的兴致也不是征服山林，而是凭高长啸。八月十五日中秋夜，众人"玩月翠屏峰下"，对月畅饮，万光泰还高歌苏东坡的《水调歌头》。查礼在《念奴娇》词中记录了这个夜晚：

> 谷空天霁，正平分，秋色冰轮初满。
> 试看盘阿，萧寺外，入夜岚光青浅。
> 停汉无声，明星稀影，凉露迢迢泫。
> 凭高长啸，万籁虚含孤远。
> 翠屏峰下逍遥，琼崖玉界，风过闻清梵。
> 列坐题襟，樽尽倒，此会嫦娥应羡。
> 叶响虫鸣，酒阑歌罢，抚景情难遣。
> 人生如寄，胜游今古时换。①

乾隆八年（1743）九月，查礼与友人在水西庄共话当年游山之事。他邀请高镔②用指画法作《秋山听梵图》（图14.3），描写

---

① （清）查礼《念奴娇》，收入《铜鼓书堂遗稿》卷二十六。

② 高镔，字季冶，又号蕉村、杜坡，辽阳人，喜刻印，善书画，查礼艺术活动的重要受托人。

图 14.3 高镔绘《秋山听梵图》 天津博物馆藏摄影玻璃底片

了盘山挂月峰的景色，以纪念此次出游。这幅画是清代天津盐商游山的"图像记录"。

《秋山听梵图》像是查礼留下的一篇《游盘日记》，生成了领悟天籁梵音的出世趣味，显示了查礼与哥哥不同的气质。这种趣味在天津本土艺术家中蔓延生长，从而使盘山成为热衷描摹的对象，形成一种近乎时尚的"游踪画录"。查礼在为张崟《盘山卜居图》所作的赋中道出了其中的原因："古人择邻处，今人随地居。仁里不易得，名山尚堪庐。名山蓟北少，惟有田盘好。泉石清且佳，其中足幽讨。高君意在泉石间，振衣千仞盘山颠。喜逢江南画师张曾山，为说移家莫若此地偏。图成特我顾，怅望空山暮。岁月易蹉跎，何年果移去？"①他深知蓟北缺少名山，惟有盘山"泉石清且佳"。自然禀赋规范了他和朋友远行出游的路线，而最吸引他们的则是借此亲近泉石，以寄托"移家莫若此地偏"的出世之意。

笔者在查礼的诗文中没有找到对北少林寺的描写。联系上述他对云罩寺的偏爱和亲近山林的出世之意，就可以理解其对北少林寺的忽视。居于中盘的北少林寺，在查为仁那里是必须征服的对象，是一个承接其游山之趣的载体；而在他的弟弟那里，远没有登临峰顶、把酒赏月吸引人。这种性情上的差别，直接反映在了他们的诗文中。恰恰是出于不同的趣味选择，游盘日记在查为仁和万光泰之后一度沉寂，直至民国时期傅增湘、周肇祥重拾这个传统。

天津盐商游盘的意义何在？正是从盐商开始，盘山频繁地进入天津文人的视野。盐商不仅为盘山人文史添写重要一笔，也丰富了本土文化的内涵。这是一个非常有趣的话题，涉及对天津人文史的认知。一种流行的看法是，天津的历史底蕴谈不上深厚。此说的重要依据，即古代天津的行政区划内，从来就不包括蓟州和盘山。这是基于"城市"这个空间来认知的，没有统筹天津周边特别是北部地区的人文历史环境。因此，不能用固化的行政区划概念来框定一个地区的历史文化，这容易让我们忽略史地变迁中人的流动和由此带来的文化衔接。天津盐商与盘山发生的关联，事实上已经具备了置于一个语境下考察的条件。尤其是在天津城市转型的历史阶段，盐商与盘山发生的关系，对这座城市尤为重要。②

---

① （清）查礼《题张曾山盘山卜居图为高季冶赋》，收入《铜鼓书堂遗稿》卷五。

② 本节所述部分内容，见白俊峰《故人在江湖：查礼与清代天津盐商艺术生活研究》第六章，天津社会科学院出版社，2023年。

清代盘山佛教发展述略

明清鼎革之际，盘山于动荡时局中成为晚明草莽孤臣自放深山的避世之所。文献记载，盘山历史上最早也最知名的隐士，是东汉末年的田畴。智朴在《盘山志》中为明末清初隐士李孔昭立传。隐逸文化与宗教文化往往伴生，李孔昭是明清易代之际士人守节自保的典型，多出没于盘山的寺刹。

清王朝建立后，蓟州作为边境的属性已经不复存在，又由于清帝谒陵的缘故，日益受到清代皇帝重视，至乾隆时达到极致。乾隆时期寺院的重修多由皇家和官府主导，推动盘山寺院发展达到历史顶峰。这些修建，实际上是乾隆巡幸盘山和建设静寄山庄的附属工程。

清代中前期，金石考据的崇古趣味大兴，文人访碑探寺成为时尚，盘山诸寺频繁进入文人的诗文，官方和民间开始系统梳理盘山历史文化。也是从清代开始，天津与盘山在文化上产生直接关联，天津盐商多次登临。清代是盘山人文塑造史的顶峰，留下的文学作品和图像资料也比明代丰富，游盘日记作为独特的文体即定型于清代。

与明代一样，清代盘山佛教的世俗化继续发展，佛教义理式微、信仰繁荣，僧人的文人化倾向尤为明显，出现了智朴等具有文人底色并广泛介入世俗生活的僧人。智朴的交游是观察清代前期文人社会生活的重要窗口，但尚未引起学界重视。清代佛学修养较高的僧人，为临济宗禅师大博行乾，重开宝积道场，弘扬临济禅法。养心、百忍、法藏、了宗等僧人也较知名。其中，法藏和了宗是大博行乾弟子。

清代盘山僧人普遍与世俗世界保持联系，山林寺院积极参与公共事务和自我管理。万松寺举办的"顺兴会""香火会"两个庙会，吸引了蓟州及周边地区大批信众。

经历了清代中前期的"黄金岁月"后，盘山佛教从嘉庆皇帝开始渐渐衰落。嘉庆是清代最后一位巡幸盘山的帝王，12次登临基本遵循"例行公事"的安排。此后，清代皇帝对盘山的热情锐减。民国时期，军阀混战，日军入侵，社会动荡不安，盘山寺院渐趋凋零，多毁于战火。

十五、荒败

文人游盘的最后一个高潮出现于 20 世纪 30 年代，恰是盘山诸寺凋零圮废的时期。本节，我们将以傅增湘、周肇祥等民国文人的视角，对北少林寺作一次回望。

光绪壬寅（1902）三月，傅增湘携友第一次来到盘山，[①] 匆匆三日，"凡名区胜迹，咸得穷揽"。宣统辛亥（1911）四月，他和友人二次登盘山，第一天游天成寺、万松寺；第二天游盘谷、上方、云罩、法藏、双峰等寺；第三天游北少林寺，后冒雨入静寄山庄，"虽殿宇荒颓，然守官导入，敷席小坐，足供凭眺。"再至千像寺，试摇动石，出游天香寺、感化寺而去。这两次游山的时间都不长。[②]

[①] 傅增湘，字叔和，后改字沅叔，号润元，自属藏园居士、双鉴楼主人，清光绪进士。曾任翰林院编修、直隶提学使，创办北洋女子师范学堂及京师女子师范学堂，后任北洋政府教育总长，1927 年任故宫博物院图书馆馆长。精于图书收藏、校勘和目录、版本研究，编有《藏园群书经眼录》《藏园群书题记》《双鉴楼善本书目》等。

[②] 傅增湘《三游盘山记》，《艺林月刊·游山专号》第二卷《盘山》专号，第 1 页，天津市文化遗产保护中心藏本。

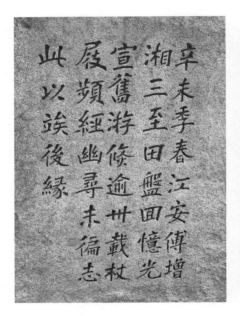
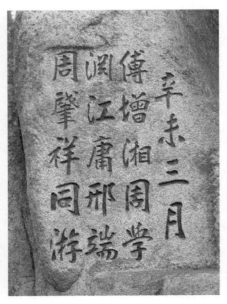

图 15.1　傅增湘等三游盘山题记 杨新摄　　　图 15.2　傅增湘等游盘山题记 杨新摄

民国二十年（1931）三月，傅增湘第三次游盘，同游者有周学渊、周肇祥、邢端、江庸（图 15.1、15.2）。[1]此次出游共六日，傅增湘作《三游盘山记》，周肇祥作《盘游日记》，众人还题诗若干。傅、周二文的体例与明清以来的"游盘日记"相当，但因时代殊异，文中处处透露着对盘山名胜荒废殆尽的感伤，周肇祥

① 周学渊，原名学植，字立之，晚年自号息翁，晚清著名诗人、教育家，周馥第五子。周肇祥，字嵩灵，号养庵，又号无畏，别号退翁，室名宝觚楼，肄业于京师大学堂、法政学校。著名书画家、收藏家，曾任古物陈列所第四任所长。工诗文，精鉴藏，晚年潜心金石书画，为京津画派领袖，与金城等创办中国画学研究会。邢端，字冕之，号蛰人，笔名新亭野史，毕业于日本大阪高等工业预备学校及东京法政大学。1951 年 7 月被聘任为中央文史研究馆馆员。长于山志掌故，精书法。江庸，字翊云，又作翼云，晚号澹翁，近代著名法学家、法律教育奠基人之一、社会活动家。早年留学日本，新中国成立后出席第一届中国人民政治协商会议第一次全体会议，被推选为政协全国委员会委员。

无奈地说："物固不如英雄之垂久远耳。"① 此行的诗文一并刊于 1931 年《艺林月刊·游山专号》，以《盘山》专号形式推出，是旧时文人对盘山古道场的最后一次集中凭吊（图 15.3）。傅、周的游记同出一刊、比肩而立，虽无意争高下，但文字之异、趣味之别，可从字里行间窥出一种"竞争"的味道。

这些诗文为研究 20 世纪早期盘山寺院提供了极为珍贵的资料。作者均是民国显赫一时的名流，雅好游事，傅、周二人又是收藏家，对古物有一种特殊的亲近，尤其对同一个对象的不同描述，耐人寻味。它们像是时代的挽歌，也是文人游盘、写盘的最后一抹灿烂之笔。夕阳余晖之下，盘山的寺院正在不可避免地走进历史。

早在1911年第二次游盘山时，傅增湘就有《少林寺观多宝塔，从此取道响涧，循宫墙出山》诗：

> 昨俯中盘窥塔顶，今朝迥出翠峰尖。
> 山花照海红如缬，涧草侵泉绿更纤。
> 蟒出阴崖疑欲搏，龙归勺水岂能潜。
> 幽栖一别知何日，倒坐蓝舆且暂淹。②

1931 年 3 月 17 日，傅增湘等人抵北少林寺，"寺门三松奇古，左有石塔涌出，下荫龙池，志谓红龙所潜也，以雨盛不及往观。"③ 因为急雨的缘故，他们来不及仔细游赏。但是，山雨淋漓中叩访寺院，也不失为别样的游山体验，在《北少林寺题记》中，他写

① 周肇祥《盘游日记》，《艺林月刊·游山专号》第二卷《盘山》专号，第 10 页，天津市文化遗产保护中心藏本。
② 傅增湘《少林寺观多宝塔，从此取道响涧，循宫墙出山》，《艺林月刊·游山专号》第二卷《盘山》专号，第 31 页，天津市文化遗产保护中心藏本。
③ 傅增湘《三游盘山记》，《艺林月刊·游山专号》第二卷《盘山》专号，第 4 页，天津市文化遗产保护中心藏本。

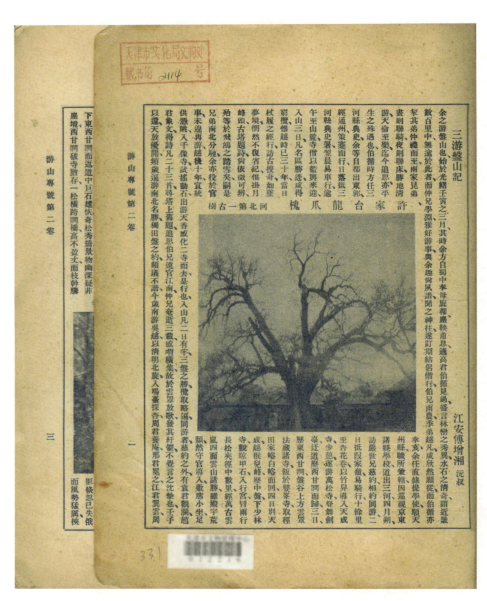

图 15.3 《盘山》专号载傅增湘《三游盘山记》

道："寺门三松，雄伟蟠奇，殆为甲观。佛塔龙池，浮青澄碧，雨气冥濛，更增妍丽。"①

《冒雨步行五六里入少林寺》诗亦记当时情形：

> 飞筇望影下青霄，断石钩衣草拂腰。
>
> 长啸破烟惊病衲，微吟踏涧伴归樵。
>
> 三松偃盖如迎跸，一塔支云似建标。
>
> 别久红龙宜愠我，故教急雨涤尘嚣。②

在"三松偃盖如迎跸"后，傅增湘加"寺东为行宫，门外三松奇古"的按语。二十年后再游寺院，恰逢急雨，傅增湘以"红龙愠我"入诗，仿佛是故友重逢。这次游盘山，同行周学渊、江庸也各有诗题北少林寺，周学渊同样提到门前三松："隔林孤塔喜相迎，行殿三松幸未薪。"③

相较而言，周肇祥《盘游日记》两次提及北少林寺，用很大的篇幅记录见闻，比傅增湘所记更为翔实。

17 日如下：

> 抵北少林寺，门外三松奇古，姿态横溢，宣德四年钟覆地。寺原名法兴，不知始何时，有多宝佛塔。元至元间，为道士所占，易名栖云观。至正中规复，巢云威禅师主之，赐北少林额，将与嵩山祖庭分灯续焰，规模可想。旁有行宫，

---

① 傅增湘《北少林寺题记》，《艺林月刊·游山专号》第二卷《盘山》专号，第6页，天津市文化遗产保护中心藏本。

② 傅增湘《冒雨步行五六里入少林寺》，《艺林月刊·游山专号》第二卷《盘山》专号，第22页，天津市文化遗产保护中心藏本。

③ 周学渊《雨中由上方寺偕傅、邢二公步行至少林寺》，《艺林月刊·游山专号》第二卷《盘山》专号，第22页，天津市文化遗产保护中心藏本。

今荒圮。寺屋犹整洁，入门避雨廊室，雨益大，不能出游。^①

周肇祥所记"宣德四年钟"不见于民国之前的史料。他关于
北少林寺历史的记录，基本来自智朴。当晚，众人食宿于寺院，
可知北少林寺尚有接纳游客的条件。

19日，周肇祥重游北少林寺：

> 过塔院，见开山荣公提点塔，元至元二十六年住持威公
> 禅师塔。荣公名净荣，德州张氏子，精勤好道，利生为怀，
> 住法兴寺，诸寺请为提点，远近归依。威公名云威，太谷人，
> 俗姓侯氏，得法少林大宗师，出世法兴，宣政院使脱公奏改
> 法兴为北少林，遂居开山祖席。旁有全公山主塔，亦金元古
> 德，惜无文字可考。^②

上述为北少林寺的塔院。待到正式进入寺院，恰好主僧出门
赶集。周肇祥向"朴拙如野鹿"的应门者询问华岩洞、大松棚诸
名胜，但"瞠目不能对"，只好出门补游多宝佛塔："塔据寺之
东冈，元时为道流所坏，清顺治初重修，尚完好。顶有鍮石宝瓶，
映日光耀，中盘之表也。"^③他又游览了塔下的红龙池，记下带
川和卢雍题刻，然后回寺小憩，读练魔期碑，"文颇精悍有法，
纪年已泐"^④。

---

① 周肇祥《盘游日记》，《艺林月刊·游山专号》第二卷《盘山》专号，第12页，天
津市文化遗产保护中心藏本。
② 周肇祥《盘游日记》，《艺林月刊·游山专号》第二卷《盘山》专号，第15页，天
津市文化遗产保护中心藏本。
③ 周肇祥《盘游日记》，《艺林月刊·游山专号》第二卷《盘山》专号，第15页，天
津市文化遗产保护中心藏本。
④ 周肇祥《盘游日记》，《艺林月刊·游山专号》第二卷《盘山》专号，第16页，天
津市文化遗产保护中心藏本。

出门西上，二里古中盘，"沿途看北少林来脉，自紫盖峰吐秀而出，夹护深密，前当谷口，爽垲明秀，若得有大愿力者，起而新之，洵河朔之宝林哉"①。周肇祥回看北少林来脉，不免感叹其"吐秀而出"的优越位置，引发"起而新之"的念头。这仿佛是一次历史的回眸，包含了太多难言的况味。

周肇祥同样有两首诗记北少林寺和多宝佛塔。第一首为《冒雨至北少林寺》：

> 石气蒸为云，疑云酿成雨。
> 天风挟之来，浼我衣上土。
> 驰驱一何疾，慓忽若鸟举。
> 沾溉慰泽瘴，遑恤苦行旅。
> 桃花破客愁，酺面娇欲语。
> 泉声轻且壮，相送出幽阻。
> 峰迴见寺塔，少林盛规矩。
> 当门三古松，招邀作宾主。
> 莫问水牯牛，得句佛应许。②

"水牯牛"作为一种通脱无碍的形象，经常出现在古人的诗偈中。周肇祥先是铺陈北少林寺风光，然后引典自喻，在历代游盘诗中显得卓然超拔。

第二首为《盘山杂诗》中的《中盘归道》：

> 少林西上古中盘，紫翠千层拥石坛。

---

① 周肇祥《盘游日记》，《艺林月刊·游山专号》第二卷《盘山》专号，第16页，天津市文化遗产保护中心藏本。

② 周肇祥《冒雨至北少林寺》，《艺林月刊·游山专号》第二卷《盘山》专号，第22页，天津市文化遗产保护中心藏本。

下阪蓝舆偏倒坐，云屏三面好回看。[1]

《盘游日记》文末，周肇祥为保护盘山而疾呼：

今为之计，首须严禁伐木，土多则树果，石密则补松。有僧之刹，加以护持；无僧之刹，求贤继起。其夷为平地、难于规复，则当立石标题，以志古迹。庶千年胜地，不至就荒，后之来游，有所考证。至于保护水源，培养地脉，兴云致雨，润泽一方，所关于国计民生，至深且切。河北官吏绅民，应有责也。[2]

20世纪30年代，是中国现代文化遗产保护的萌芽期。内忧外患之下，保留文物古迹、存续中华文脉的呼声不绝于耳。民国十九年（1930），国民政府颁布《古物保存法》，五年后，北平政府出版《旧都文物略》，成立北平文物整理委员会。在天津本土，严修之子严智怡于民国二十二年（1933）成立天津水西庄遗址保管委员会，作为近代中国最早的文化遗产保护组织之一，致力于水西庄遗址的保护和规复。周肇祥保护盘山的观点，正是在这样的时代背景中出现的，事实上涵盖了自然景观与人文景观两类。人文景观中，则区分为"有僧之刹""无僧之刹""夷为平地"三类，并分别提出保护对策。尤其是对不复存在的遗迹，他没有呼吁重建，而是立石标题，观念颇为超前。

与明清时期文人游盘不同，周肇祥已经开始用现代文化遗产的理念审视凋零落寞的山林寺院，尽管亲山乐水的趣味尚在，但

---

① 周肇祥《盘山杂诗》，《艺林月刊·游山专号》第二卷《盘山》专号，第29页，天津市文化遗产保护中心藏本。

② 周肇祥《盘游日记》，《艺林月刊·游山专号》第二卷《盘山》专号，第16页，天津市文化遗产保护中心藏本。

感怀时代之变、抒发黍离之悲却成了登山远眺的基调，"至深且切"的痛感充溢着《盘游日记》。

可以将傅增湘、周肇祥等人1931年游盘看作一个重要的历史节点，标识着古人对盘山"人文塑造"史的终结。转年，当陈兴亚来到北少林寺游览时，寺僧仅剩一人，他拍下了迄今可见北少林寺民国时期的最后一张旧影。[①]

此后，这些日益荒败的寺院在战火中保持着尊严，成为盘山抗日根据地开展抗日活动的所在。旧时文人的咏叹，被交织着血与火的抗战之歌取代。

---

① 陈兴亚《游盘山记》，撷华印书局，1932年印本。

民国时期盘山寺院举隅

民国时期的盘山，正在经历快速的荒败与圮废。我们以傅增湘、周肇祥等人 1931 年游盘的足迹为线索，看一看他们笔下的盘山古迹到底是什么模样。

1931 年 3 月 16 日，游山第一天：

天成寺

傅增湘：数年前两为盗劫，寺中法物珍品，毁弃殆尽。

周肇祥：殿左嵌有明正德年福善寺石额。古佛舍利塔第一层可登，中奉佛像。塔后有明万历二年录刊辽天庆四年记。塔左有石幢，为辽书，明万历时磨其三面，改刻住持广德等镌字及《金佛燃灯记》，古物之劫。塔右为徽公塔。两塔皆数百年前物，常见元碑，无纪年者辄称大朝。

万松寺

傅增湘：此寺气象宏敞，殿宇层架而上，然房屋污暗不堪，守僧多市气，雅不近人。

周肇祥：入寺晤住持醒三，有市井烟火气，如此名山，乃著俗骨，异哉！寺初为李靖庵，康熙初宋荦来游，改卫公庵，后赐名万松寺，以近寺多松故，今砍伐将尽，徒有其名，物固不如英雄之垂久远耳。

青沟禅院

傅增湘：圣祖赐诗及联语刻石，尚卓立阶前。堂宇荒废，荡无一椽，惟山农构茅舍三间，携眷居之。舍旁小龛，中设佛像。昔年见其旁，别供智朴木主，今已周寻不可得。

周肇祥：今仅余废基，康熙诗联刻石犹屹立，宋荦撰记则已断卧草间。昔日红杏青松，形诸图绘者，渺无一存。求所谓秋月堂、巢云轩、选佛堂诸胜迹，皆不能指。茅屋一间，山民因以供佛。

云罩寺

傅增湘：在挂月峰下，一病衲守之。荒秽不治，蛛丝蝠翼，败壁空楹，求容膝尺地，渺不可得。

辛亥以前，挂月、自来两峰有短松数万株，（此次登临）尚存数株，历落可数。世人方盛言建设，崇奖种树，而坐视胜迹摧残，不为一言，良足慨也。

周肇祥：云罩以松著，寺前凤凰展翅松最有名，今悉伐，惟庵畔一株，上悬成化铁钟。

寺旧富饶，住持非人，产业荡尽，今惟单丁支持。

智朴墓

傅增湘：归途历进士坟（智朴墓）、天井、两将军石，下东西甘涧而返，道中巨石雄恢，奇松秀矫，景物幽深，疑非尘境。西甘涧破寺犹存，一松横跨涧桥。

周肇祥：诸山僧塔多发掘，此坟（智朴墓）三被盗，金钩玉环及其他玩物，值三千金。

1931年3月17日，游山第二天：

上方寺

傅增湘：辛亥过此，寺僧方挥斥群工，从事构架，今已二十年，又倾颓不支。前岁主僧不耐贫苦，举寺屋赠与近村某君，而其人又不长至，故任其敝坏如此。

周肇祥：寺僧玉清苦于瘠薄，寄食红螺资福寺，千年道场，举以赠宝坻黄居士金台，今方从事兴修。

北少林寺

详见本节正文所述。

1931 年 3 月 18 日，游山第三天：

双峰寺

傅增湘：寺设小学，适以散课，一僧屏居别院。

周肇祥：相传唐贞观时造，访残碑无存。

法藏寺

傅增湘：垣颓栋折，视前游益甚，访蟠龙松不可得，询之舆人，言槁死已十年。

周肇祥：寺废无僧，殿基犁为田，胡桃梨栗杂栽成林。夙称盘山第一之蟠龙松，已砍去，法船石亦没蒿莱。

青峰寺

傅增湘：遗址亦不可寻。

周肇祥：欲游青峰，闻寺已毁，林木伐尽，非复旧时山色。

1931 年 3 月 19 日，游山第四天：

感化寺

傅增湘：寺乃新构，且地址亦非故矣。王氏孺李氏妇二人合力营之，而县绅主学事者，乃欲取以设学校。

周肇祥：今废尽，有谢李两邱婆塞修复之，象设一新。而附近王庄、营房北沟诸村地痞程秉义等，借词兴学，出而侵扰。旧碑具载香火地亩，早被掩藏，地亦沦没，无可控诉，末法凌夷，官绅不为护持，以弱女子而日以豺狼相抗敌，吁以壮矣。

静寄山庄

傅增湘：极目四顾，尽为麦田。昔游所谓松阴夹道五六里者，今乃摧伐扫荡，无残鳞片鬣之存。凡宫殿楼阁，拆毁一空，即砌石墙砖，亦连车辇载以俱尽。道旁所见，惟乱石荒基差可指数耳。闻五年前，戍守之官，以斥卖官产为名，先伐松，次拆屋，终以计亩卖地，官吏受成于上，人民争攘于下，所得劣及万金，而二百年之名区胜概，乃扫地无余，令人百思不得其故。粟离麦秀之歌，不意于余身亲见之，真足悲矣。

周肇祥：五年前某军筹饷，竞售官产，盘山行宫全部遂以数千金卖却，于是拆砖撤木，啸聚千人，声振岩谷，利欲之争，伤害二命。而昔日糜无数金钱，成此杰构，为历史上、美术上占重大之价值者，遂沦坏劫而不可复。

天香寺

傅增湘：寺亦设小学，屋宇颇坚整。

周肇祥：附设蓟县三区小学校，学生二十余人，见客有礼，主校者蒋君从周。[①]

　　上引并非傅、周二人游记的全部，比如千像寺等，二人仅录所见遗物，未写明寺院保存状况，故本文不再一一列出。总的来看，周肇祥对盘山诸寺记载更为详明，文辞也丰赡绵密，其中对相关历史遗存的解读，颇具史料价值，这与他精研古物、嗜好收藏的职业经历有关。但二人文中透露的情绪却是一脉相通的。彼时，盘山诸寺大都荒败，当地官绅毫无作为，军阀、地痞、盗贼等又频频破坏。特别是静寄山庄被毁（图15.4），令他们尤为痛心。傅增湘有一首长长的《静寄山庄歌》，前序写道：

---

①　上引傅、周二文内容，详见《艺林月刊·游山专号》第二卷《盘山》专号。为行文方便，笔者对原文略有删减，不再一一标明出处。

山庄在盘山之阳，乾隆九年所建，规制差仿避暑山庄，垣周七里有半，其后略加恢廓。……宣统辛亥，余巡学蓟州，迂道往游，微雨循松径而入，池涸垣颓，楼阁半就倾败。坐太古云岚殿宇中，书籍清玩，尚充满四壁。就园官询故事，粗有能言者，盖扃闭正百年矣。今岁再过之，则已为官吏斥卖，宫殿拆毁一空。古松遍山谷，咸斩伐无遗。环山之地，赋与村民，闻所获不及万金。而二百年之名迹，乃扫地以尽。余行年六十，雅嗜山游，凡三入田盘，然三十年来，于行宫之胜，乃目睹其衰，以迄于尽，兹足痛也。爰发为长歌以纪之。①

图 15.4 静寄山庄残墙 白俊峰摄

周学渊有《五宿盘山探奇之意有未尽赋此示沅叔》诗，亦对盘山"十寺九废"痛心不已："伐尽行宫松，剪尽云罩柏。塔坛半生蒿，殿庑皆种麦。国变二十年，余殃及山泽。十寺废其九，僧苦佛亦厄。"②众人的登山之思，已不复明代悠游山水、清代

---

① 傅增湘《静寄山庄歌》序，《艺林月刊·游山专号》第二卷《盘山》专号，第24—25页，天津市文化遗产保护中心藏本。

② 周学渊《五宿盘山探奇之意有未尽赋此示沅叔》，《艺林月刊·游山专号》第二卷《盘山》专号，第28页，天津市文化遗产保护中心藏本。

探寺访碑的雅趣。这些惨遭厄运的古代遗迹，寄托了所谓"国变二十年"来的复杂情绪。

上述寺院荒败的情形，是时代动荡的重要表征。其保存状况，大致有如下几类：

一是保存尚可。比如，天成寺、天香寺、千像寺、万松寺以及北少林寺。这些寺院大多有僧护守，尚保留基本建筑格局。抗日战争时期，中国共产党领导的抗日武装力量曾在千像寺、天成寺、北少林寺等处开展活动，亦可证寺院尚存，但北少林寺应该已无人看守。

二是荒败但不致废弃。比如，云罩寺、万松寺。云罩寺在傅增湘眼中"荒秽不治，蛛丝蝠翼，败壁空棂"，仅有一病衲看守寺院。万松寺也不复古道场仪范，守僧多市侩气，周肇祥斥为"名山著俗骨"。

三是彻底荒废。此类又可分三种情况：寺废无僧，比如法藏寺"殿基犁为田"，青峰寺甚至"遗址亦不可寻"；荒废后旧址被占，比如智朴青沟禅院"堂宇荒废，荡无一椽，惟山农构茅舍三间，携眷居之"；废墟再起新构，比如感化寺"今废尽，有谢李两邱婆塞修复之"。

寺院的荒败必然与权属的变更紧密相连。彼时，盘山寺院频频易主，是乱世之中山林寺院的真实写照。综合前述，大致有以下几类：尚在僧人手中，此不赘论；荒废后被他人占据，比如青沟禅院、感化寺；转手他人，比如上方寺，寺僧玉清到红螺资福寺寄食，将寺院"赠与近村某君"。权属更易之后的寺院，有的被人重修，有的更加敝坏。

还有一类，即改作学校。此类与晚清兴起的"庙产兴学"运动不无关系，简言之，就是利用寺观兴办新式学校。最早提出"庙产兴学"的是晚清洋务派代表张之洞。1898年，张之洞在《劝学篇》提出这一想法。后来，"庙产兴学"在各地推进，但与晚清政府教育改革的初衷已经背离，大量寺院被毁，激化了社会矛盾，侵占庙产之事屡有发生，有些地方甚至杀僧夺庙，引起社会尤其是宗教界的强烈不满。

至傅增湘等人游盘的 20 世纪 30 年代，"庙产兴学"在盘山尚有影响。有的寺院改为学校后颇为平稳，比如双峰寺、天香寺。双峰寺彼时既办新式学校，也有僧人留居别院。按前述，天香寺设蓟县三区小学校，但办学经过颇为复杂，周肇祥从校长陈从周处得知："县官拟卖寺建学，佛教会出而自办，乃止。教育局岁给一百四十番，不足则四村分任。"① 这无疑是两全之策，佛教会在天香寺办学，既遵从有司要求，又不至于将寺产旁落，古刹赖以保存，周肇祥闻后颇感欣慰。但是，盘山也有抵制"庙产兴学"之举，前述感化寺即为一例。感化寺时已属新构，且非原址兴建，由两位妇人合力经营，当地乡绅"欲取以设学校"，地痞流氓也借口"出而侵扰"，令周肇祥颇为愤慨。傅增湘甚至嘱托同游的江庸，"志其颠末，或为当事一言，使两妇遂其奉佛清修之志可耳。"②

---

① 周肇祥《盘游日记》，《艺林月刊·游山专号》第二卷《盘山》专号，第 16 页，天津市文化遗产保护中心藏本。

② 傅增湘《三游盘山记》，《艺林月刊·游山专号》第二卷《盘山》专号，第 5 页，天津市文化遗产保护中心藏本。

十六、抗日烽火

　　1931 年 9 月 18 日，日本关东军制造了震惊中外的九一八事变。1933 年，日军攻陷山海关，直逼华北。为保存国粹，当局准备将故宫文物南迁，引发巨大争议，鲁迅也加入讨论，刊文对南迁提出质疑。曾任古物陈列所所长的周肇祥亦极力反对，发起"北平民众保护古物协会"，誓与国宝共存亡。为使文物顺利南下，当局将周肇祥秘密逮捕，待到文物专列出京后才释放。文脉断续之际，周氏护宝之举无论对错，其志可嘉。

　　象征中华文脉的古物，或颠沛流离，或沦为废土，坎坷的经历也昭示着国运之沉浮。

　　就在故宫文物南下的 1933 年，国民政府与日本签订《塘沽协定》，中国军队撤至延庆、昌平、高丽营、顺义、通州、香河、宝坻、林亭口、宁河、芦台所连之线以西、以南地区，实际上是默认了日本侵占东北三省和热河，承认冀东为"非武装区"。包括盘山在内的冀东地区自此孤悬敌后。至七七事变时，冀东已经完全沦陷，成为日寇侵华的兵站基地和军事跳板，日寇进攻华北腹地的援兵和军用物资几乎都是经这里运进的。

1938 年 7 月至 10 月，中国共产党在冀东地区组织了一次有 20 万工农群众参加的武装起义——冀东抗日大暴动。以蓟州为中心的冀东西部地区，是这次大暴动的重要组成部分。

此时，盘山的寺院不再是文人吟诵的"诗意空间"，身份迅速转化为军民同仇敌忾的"抗日战场"，成为蓟州武装暴动的策源地、游击战争的掩护地、秘密电台的所在地。

千像寺是蓟州地区抗日武装暴动的"策源地"。1938 年 4 月 4 日，中共蓟县县委在千像寺召开会议，决定进一步开展抗日统一战线工作，准备抗日武装暴动。7 月上旬，冀热边特委派人到盘山传达有关暴动的决定。由于八路军第四纵队已于 6 月上旬分两路经平北进入冀东，敌人已察觉暴动意图，于是，中共蓟县县委在天成寺召开紧急军事会议，研究部署攻打邦均伪"警察分局"的作战方案。7 月 14 日，在邦均打响冀东西部抗日武装暴动第一枪。次日晨，暴动队伍凯旋，回到千像寺。之后，全县燃起抗日烽火。7 月 31 日，八路军四纵队一部和各路抗日联军开进蓟县县城，宣布蓟县抗日民主政府成立。

1938 年 9 月下旬，在邓华主持下，召开了有河北省委、冀热边特委、四纵和抗联主要负责人参加的九间房会议。会议决定八路军主力和抗联全部西撤，陈群①、包森②、单德

---

① 陈群，原名德安，安徽省六安县人。1930 年参加红军，任红四方面军十一师团长、副师长，参加了二万五千里长征。抗日战争中，任八路军第四纵队三十三大队副大队长，挺进冀东后，任八路军第一队支队长、第十二团团长。1941 年 6 月 2 日在玉田县孟四庄对敌作战中牺牲。

② 包森，原名赵宝森，又名赵寒，1911 年 7 月生，陕西蒲城县人，1932 年 2 月加入中国共产党。抗战爆发后被派往晋察冀抗日根据地独立一师工作，任 33 大队总支部书记。1938 年率八路军第二支队在河北兴隆一带开辟抗日游击区。1939 年 4 月，包森指挥部下活捉日军赤本大佐，震动日本朝野。1939 年秋被任命为冀东军区副司令员。1942 年 2 月 17 日，包森所部在遵化境内野虎山一带与日伪一部遭遇，指挥战斗中不幸胸部中弹牺牲。

贵①三个小支队继续坚持冀东的抗日游击战争。盘山抗日根据地就是在冀东暴动的基础上建立起来的，是抗日战争进入相持阶段后，中国共产党根据严峻的斗争形势，经过认真研究和系统准备后开辟的敌后抗日根据地。

赵立业当时和单德贵编在留守冀东的三支队。他们在先后打掉南渡河伪警察局和五道河、双洞子、南水峪、毛洞子等敌伪据点后，决定向盘山一带发展。赵立业回忆道：

> 盘山，地处京、津、唐三角地域，是华北与东北的交通要道，具有重要的战略地位。而且山上地形复杂，地势险要，古庙多，石洞更多，有的石洞长达三四里，洞中有洞，松柏参天，既便于隐蔽防守，又便于出入袭击敌人，确是一处打游击的理想之地。②

赵立业专门提到盘山"古庙多，石洞更多"，是打游击的"理想之地"。这些散布深山、早已荒废的寺院，成为抗日武装隐蔽防守、袭击敌人的重要依托。他们依靠当地群众，经过艰苦卓绝的斗争，终于开辟创建了以灵雾山、盘山为中心的两块抗日根据地，使蓟县、三河、平谷以及兴隆、青龙、滦平、承德等地区连成一片，为坚持冀东抗日创造了更加有利的条件。今盘山尚存抗日标语摩崖石刻 10 处，是弥足珍贵的抗日战争实物史料（图

---

① 单德贵，湖南茶陵人。1930 年参加红军，1938 年随八路军第四纵队挺进冀东，任第三支队队长，在平谷、蓟县、密云、兴隆等地区坚持游击战争。后任八路军十三团副团长、第一专署武装科长。1944 年 5 月 3 日逃往三河投降日军，任日军华北司令部保安队支队长，多次随日伪军搜剿抗日根据地。1945 年 5 月代理平谷县伪县长。日军投降后，被河北省第五区保安司令部抓捕。1946 年 4 月国民党河北高等法院以汉奸罪判处其 12 年徒刑，1947 年 10 月改判 6 年。1949 年北平解放后，在押送途中自杀。

② 赵立业《坚持冀东西部的三支队》，收入《盘山风云》第三辑，中共蓟县县委党史资料征集委员会编，1989 年，第 10 页。

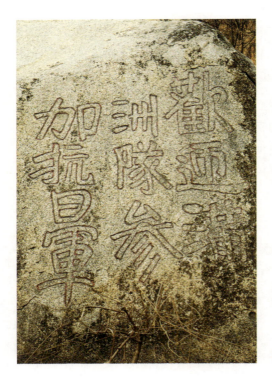

图 16.1　盘山抗日标语　杨新摄

16.1、16.2、16.3）。

　　盘山的寺院还是党的秘密电台所在地。张永成1941年2月参加八路军冀东第十三团，在司令部电台担任通讯员，时年14岁。他回忆电台在盘山根据地工作的情况：

　　　　1941年6月，十棵树战斗突围以后，在李运昌司令员的率领下，十三团的一营、特务连及一部分团直干部，还有电台，转移到了平北地区。

　　　　部队在平北活动大约有两个月的样子，当青纱帐起来的时候，在李司令的领导下，又返回了冀东。

　　　　我们刚到盘山时，住在天成寺。寺里两座正殿已被鬼子

图 16.2 盘山抗日标语 杨新摄

图 16.3 盘山抗日标语 杨新摄

烧毁了，只剩下两座大殿和一个小楼，在西南角处有一排厨房。我们就在这个小楼上工作。每当敌情紧张时，我们转移到天成寺北对面的半山腰部位的一个山洞里继续工作。那个山洞距天成寺大约有100米，但没有直道，只得从崎岖山路绕行。山洞下方有块巨石，石上刻有诗文。洞口朝西，洞口外两三米远处是悬崖，悬崖上直立一棵胳膊粗细的小松树。我们把电台放在洞里面，并迅速地架起天线，开始工作。洞里十分潮湿，时间长了，电台、电池变得湿漉漉的，每隔一段时间，就把电台和电池拿到外面晾晒。当时我的主要任务负责警卫工作。我两手紧紧地抱住树干，瞪大眼睛，监视着十多里以外彩各庄敌人行动。[1]

9月下旬，张永成等接到敌人准备入盘山大扫荡的消息，就把电池分藏在石洞和天成寺古佛舍利塔上面的小台，随后趁着夜色下山隐蔽（图16.4）。大约半个月后，敌情缓和，他们又回到天成寺继续工作。此后，台长调走，又有人被俘投敌，为保证电台安全和正常工作，他们在新任台长带领下，转移到北少林寺和古中盘（正法禅院），后转移到联合村，再后转移到塔院北的栗树沟，整个过程约有一年光景。其间，他们得到盘山村民的热情帮助。在天成寺时，莲花岭村干部群众给予多方支持，敌人一有行动，村民立即派人通知，还送来生活用品。转移到北少林寺和古中盘（正法禅院）后，韦家兄弟自愿负责安全保卫，联合村的李大爷每日上山砍柴供烧炕使用。1942年夏，电台接到上级指示返回十三团，结束了在盘山的历史使命。

笔者没有检索到北少林寺秘密电台的更多历史资料，但据张永成的回忆推测，北少林寺此时已无僧人留守，在战火中彻底沦

---

① 张永成《电波在盘山里回荡》，收入《盘山风云》第三辑，中共蓟县县委党史资料征集委员会编，1989年，第26—27页。

图 16.4　盘山天成寺古佛舍利塔　张烨提供

为山野荒寺。

随着冀东抗日武装力量的壮大和抗日活动的开展，日伪军对盘山实施了多轮军事进攻和毁灭性破坏。1940年，日机对盘山进行大规模轰炸，1000余间民房、大部分寺院和本已荒圮的静寄山庄被炸成废墟。1942年，在第五次"治安强化"运动中，日伪军轰炸盘山万松寺、法藏寺、天成寺等多处寺院。这是盘山寺院遭遇的最大浩劫。

1944年后，抗日形势逐步好转，当年秋，冀东西部党政机关迁回盘山，冬初，中共冀东十四地委机关报《救国报》滦西分社和电台从平谷迁至盘山千像寺，今千像寺遗址旁尚留有相关历史遗存（图16.5）。

图 16.5 《救国报》滦西分社和电台遗址 白俊峰摄

盘山北少林寺纪事

1. 公元 1162 年，圆新和尚住盘山报国寺，次住天成寺，又住法兴寺；

2. 公元 1215 年，蒙古军占领中都，法兴寺因战乱而"罕有僧人"，住持振公长老苦撑危局；

3. 公元 1220 年，全真教王志谨弟子张志格等人来到盘山地区传教；

4. 公元 1221 年，王志谨到盘山，占法兴寺；

5. 公元 1226 年，法兴寺更名为栖云观，王志谨请丘处机题额；

6. 公元 1227 年，王志谨离开盘山；

7. 公元 1255 年，佛道第一次辩论，佛胜道败，但栖云观仍归道士；

8. 公元 1258 年，佛道第二次辩论，栖云观复归僧人，复名法兴寺。时任主持为荣公大师；

9. 公元 1261 年，荣公大师圆寂，明理和尚接任主持；

10. 公元 1260 年至 1264 年，云威禅师入住法兴寺，后法兴寺更名为北少林禅寺；

11. 元代，延公寿堂和尚在北少林寺结制炼魔；

12. 公元 1469 年，宝峰德聚禅师重修，东作观音堂，西作明月堂，中作方丈，左右僧舍以备游憩；

13. 公元 1527 年，重修；

14. 公元 1644 年，北少林寺旁龙首岩启建多宝佛塔；

15. 公元 1652 年，多宝佛塔竣工，时住持为慧兴；

16. 公元 1686 年，蓟州僧正司与僧众在北少林寺立碑，记当局蠲免柴需事；

17. 清康熙年间，住持本住重修；

18. 清康熙年间，智朴两次到多宝佛塔礼佛；

19. 公元 1740 年，天津盐商查为仁等游北少林寺，时寺僧远润应为住持；

20. 公元 1745 年，大修，乾隆御赐"禅指直趣"匾额；

21. 公元 1755 年，诗人边中宝游盘山，入北少林寺早餐并留诗；

22. 清乾隆时期，设"座落"供乾隆巡幸时休憩，乾隆 28 首诗提及北少林寺；

23. 公元 1758 年，乾隆到北少林寺拈香；

24. 公元 1760 年，乾隆到北少林寺拈香；

25. 公元 1763 年，乾隆到北少林寺拈香；

26. 公元 1782 年，乾隆到北少林寺拈香；

27. 公元 1785 年，乾隆到北少林寺拈香；

28. 公元 1789 年，乾隆到北少林寺拈香并赏赐僧人；

29. 公元 1911 年，傅增湘等游北少林寺；

30. 公元 1922 年，蒋维乔《盘山二集》发行，首次刊登北少林寺照片；

31. 公元 1926 年，多宝佛塔塔刹被盗；

32. 公元 1931 年，傅增湘、周肇祥等游北少林寺，时寺院尚能接待游客；

33. 公元 1932 年，陈兴亚游北少林寺，时寺僧仅剩一人；

34. 公元 1941 年，党的秘密电台转移至北少林寺；

35. 公元 1991 年，天津市人民政府将多宝佛塔列为天津市文物保护单位；

36. 公元 2017 年，天津市文化遗产保护中心组织专家对多宝佛塔进行抢救性考古清理；

37. 公元 2023 年，多宝佛塔出土文物完成保护修复；

38. 公元 2023 年，"灵光独耀——蓟州多宝佛塔出土文物保护成果展"在天津市元明清天妃宫遗址博物馆开展。

十七、灵光独耀

　　1991 年 8 月 2 日，天津市人民政府将多宝佛塔公布为天津市文物保护单位。该塔自公元 1652 年竣工后，无史籍记载修缮经历，整体残损严重。2015 年，多宝佛塔保护修缮工作由天津市文物局批准立项。2017 年 10 月初，佛塔八层密檐南部佛龛的封砖在保护修缮过程中意外脱落，佛龛内文物在封藏了 365 年后重见天日。①

　　蓟州区文物局向天津市文物局作出汇报，天津市文物局指示天津市文化遗产保护中心进行处理，中心随即派出程绍卿、甘才超赶赴现场，在八层佛龛提取出铜质鎏金佛造像一尊，即后来认定为反映佛祖诞生故事的明代"九龙浴太子"造像（图 17.1）。经现场探查，发现其他佛龛内亦有文物存在迹象，但因人员、设备不足，无法具体判定。天津市文化遗产保护中心通过天津市文

---

① 本节关于多宝佛塔考古清理和文物保护的内容，参考刘健、尹承龙执笔《蓟州多宝佛塔佛龛出土文物抢救性清理与保护》，收入《天津考古（三）》，科学出版社，2023 年，第 264—276 页。

图 17.1 提取九龙浴太子造像　刘健提供

物局向国家文物局汇报，国家文物局指示会同中国文化遗产研究院立即进行抢救性清理，并组织相关研究人员进行文物价值评估。蓟州区人民政府也派出区公安局、官庄镇、盘山管理局、区文物局全力配合，做好考古清理的保障工作。

2017 年 10 月中旬，天津市文化遗产保护中心聘请的中国文化遗产研究院专业人员，携带内窥镜等设备到现场开展勘察，发现塔身三至十三层的佛龛内均有文物线索。

依据探查结果和国家文物局指示，天津市文化遗产保护中心着手开展考古清理与文物现场保护的前期准备工作，决定由梅鹏云担任领队，刘健、尹承龙为队员，并联合中国文化遗产研究院杨淼、马菁毓、李元涛三位文保技术人员组成考古发掘与文物保护队伍，对探测发现的文物进行清理保护，蓟州区文物局、蓟州区文化遗产保护中心也派员协助。天津市文化遗产保护中心还聘请詹长法、李裕群两位专家驻场指导。

此次考古清理情况复杂，结合蓟州以往出土过文物的佛塔实际情况，出土纸质、丝织品、水晶、琉璃、玛瑙、金银、陶瓷等文物的可能性较大。文物材质上的差异，造成出土后劣化风险增高。因此，在严格按照田野考古操作规程、遵循普遍认同的文物科技保护的基本原则基础上，也须从实际情况出发，采取详尽、稳妥的措施，切实保障出土文物安全。为此，天津市文化遗产保护中心制定了详细的发掘与保护方案。

在充分准备的基础上，2017年11月初，考古清理由佛塔第十三层开始，逐层向下进行，现场保护工作同步开展。至清理完成，全部文物运至蓟州区文化遗产保护中心库房暂时保管。根据内窥镜检测结果，未对部分佛龛进行清理，工作完成后用内窥镜进行复查，未发现文物存在迹象。

考古清理结束后，多宝佛塔出土文物又运送至天津博物馆文物库房杀菌保存。随后，天津市文化遗产保护中心与中国文化遗产研究院联合编制出土文物抢救性保护方案，经天津市文物局审批后于2021年3月启动保护修复工作。2023年3月，文物完成保护修复，移交天津市元明清天妃宫遗址博物馆（图17.2）。该馆是天津市文化遗产保护中心管理运行的本土首家考古遗址博物馆。天妃宫遗址为全国重点文物保护单位，被誉为天津城市原生点的标志。

此次清理的文物，均由多宝佛塔各面每层密檐下中部佛龛内出土，在漫长的时间内，随着佛龛外封门雕砖的破损，部分佛龛被鸟窝、蜂巢、泥土等填充，致使文物受挤压产生变形、破碎、覆盖包裹等病害。由于佛龛内壁有小孔与塔身中心孔相通，导致文物处于半开放环境，出现腐蚀、粘连、虫蛀以及颜料层脱落、龟裂、缺失等严重病害。在保护修复中，秉承了"不改变文物原状"的原则，实现了既定保护目标。为达到认识文物、保护文物

图 17.2 文物修复完成后移交至元明清天妃宫遗址博物馆 刘健提供

的目的，还运用科技手段开展实验室考古，对文物进行结构、材料、工艺分析等研究。通过科技手段探知造像内部情况后，对装藏物进行了提取。

多宝佛塔出土文物保护修复告一段落，并不意味着文化遗产保护工作的结束。天津市文化遗产保护中心随即启动考古资料的系统整理工作，并于 2023 年 6 月着手策划原创展览。7 月，在征得老乡同意后，练魔期碑作为展览的重要实物运抵元明清天妃宫遗址博物馆。见证北少林寺元代历史的石碑与多宝佛塔文物失散多年之后，终于重逢。

经过反复斟酌，此次展览定名为"灵光独耀"，取自唐代百丈怀海禅师诗偈，寓意尘封三百多年的文物一经出土，便以其突出的历史、艺术、社会价值，熠熠发光，独耀于世。展览副标题为"蓟州多宝佛塔出土文物保护成果展"，突出了展览的基本思路——不以单纯展示文物为主，而是立足公共考古视角，以扎实的学术研究为基础，打通考古、文物、博物馆三个学科，全面展示考古、保护、研究等文化遗产保护流程，在宏观的历史视野中揭示出土文物的历史背景和当代价值。

展览分两个部分。第一部分展示考古清理、文物保护、价值研究的过程。第二部分将一山一寺一塔作为出土文物的历史文化背景作重点介绍。为办好展览，专门在元明清天妃宫遗址博物馆二楼辟出临时展厅。形式设计力求简明朴素，以赭石、青绿两色区分前后两部分，以轴线的形式铺陈展线，图片和文字在轴线上形成起伏错落、带有节奏感的视觉效果，寓意"只此青绿，唯有盘山"。2023 年恰逢天津考古 70 周年，此次展览也顺理成章地成为纪念天津考古 70 周年的重要内容。

2023 年 9 月 29 日，在多宝佛塔文物出土 6 周年之际，由天津市文化遗产保护中心策划的"灵光独耀——蓟州多宝佛塔出土文物保护成果展"（以下简称"'灵光独耀'展"）在元明清天妃宫遗址博物馆二楼临时展厅正式开展（图 17.3）。9 月 25 日，天津市文化遗产保护中心在官方微信公众号刊发消息，首次披露了这批珍贵文物的考古清理和保护修复情况，并如此介绍展览：

> 该展览是我市首个展示文化遗产保护工作全流程的专题展，也是新世纪以来天津首个以佛教考古出土文物为主题的原创展。展览以蓟州区多宝佛塔考古出土文物为主线，通过深入历史研究，用文化遗产保护的生动案例和对出土文物的价值阐释，让观众全方位了解文化遗产保护的过程，探知文物背后鲜为人知的历史故事，体味天津厚重的文化底蕴，感知中华文明的开放包容与灿烂辉煌。
>
> ……
>
> 展览分"宝塔重光"和"寻迹溯源"两部分，集中遴选展出多宝佛塔出土重要文物 50 件／套。第一部分"宝塔重光"，生动再现了考古清理、保护修复、研究展示的全过程。

图 17.3 "灵光独耀"展展厅一角　白俊峰摄

　　其中，考古清理按照塔层龛位划定单元，严格遵循田野考古规程；保护修复按照出土文物质地及病害类型，结合实验室考古开展科技保护，遵循了"不改变文物原状"的保护原则。第二部分"寻迹溯源"，采取"由面到点"的视角，将出土文物置于历史语境进行研究阐释，探寻文物背后的历史和故事，揭示出与之相关的历史脉络并阐释考古遗产的当代价值。①

　　展览开展后，吸引了大量观众（图 17.4）。为促进公众对多

① 见天津市文化遗产保护中心微信公众号 2023 年 9 月 25 日所刊《"灵光独耀——蓟州多宝佛塔出土文物保护成果展"国庆期间与观众见面》。

图 17.4　"灵光独耀"展开展首日　白俊峰摄

宝佛塔出土文物的认知，天津市文化遗产保护中心邀请著名考古学家陈雍在该中心微信公众号撰写了多期随笔。第一期解读"灵光独耀"并阐述了对"佛教是文化"的认识。[①] 第二期谈佛塔。[②] 第三期谈碑刻。[③] 第四期以问答的形式谈佛教装藏。[④] 第五期以"纪事"的方式梳理了文物从明末清初入塔到 2023 年入展的时间线。[⑤] 第六期谈"九龙浴太子"造像为什么放在佛塔的"C 层 C 位"。[⑥] 第七期接着谈九龙浴太子造像，简述了该题材的演变过程。[⑦] 第八期回答了读者关于九龙浴太子造像的三个问题。[⑧] 第九期谈天

---

① 见天津市文化遗产保护中心微信公众号 2023 年 9 月 30 日所刊《老陈看展览（一）》。
② 见天津市文化遗产保护中心微信公众号 2023 年 10 月 2 日所刊《老陈看展览（二）》。
③ 见天津市文化遗产保护中心微信公众号 2023 年 10 月 4 日所刊《老陈看展览（三）》。
④ 见天津市文化遗产保护中心微信公众号 2023 年 10 月 6 日所刊《老陈看展览（四）》。
⑤ 见天津市文化遗产保护中心微信公众号 2023 年 10 月 8 日所刊《老陈看展览（五）》。
⑥ 见天津市文化遗产保护中心微信公众号 2023 年 10 月 31 日所刊《老陈看展览（六）》。
⑦ 见天津市文化遗产保护中心微信公众号 2023 年 11 月 2 日所刊《老陈看展览（七）》。
⑧ 见天津市文化遗产保护中心微信公众号 2023 年 11 月 4 日所刊《老陈看展览（八）》。

津地区的佛教考古。①

公共考古的对象是"公众"，其价值就在于通过公众认知来强化对文化遗产的再接受，进而推动文化遗产保护的普及和社会参与。为配合展览，天津市文化遗产中心还发挥学科优势，策划组织了四场学术讲座（图17.5），面向公众开放。第一场于2023年10月5日举办，主讲人刘健作为多宝佛塔考古清理和文物保护的主要参与者，以"蓟州多宝佛塔佛龛文物的清理与保护"为题，分享了考古清理和文物保护过程。第二场于10月14日举办，笔者以"佛道之辩与人文塑造：蓟州盘山北少林寺历史沿革"为题，简述了北少林寺金元以来的历史。第三场于10月21日举办，盛立双以"天津北部地区考古发现与认识"为题，介绍了以盘山为核心的天津北部地区考古发现。第四场于10月28日举办，也是四场讲座的"重头戏"，陈雍以"如果文物会说话，能告诉我们什么"为题，将讲座内容拉回到多宝佛塔和出土文物，以富有创见性的思考，首次揭示了多宝佛塔出土文物呈现的"考古情境"以及文物在"考古情境"中传达的情感立场和思想观念，并对文物的历史价值、社会价值、艺术价值进行了分析。四场讲座先是通过对考古清理和文物保护的介绍，为公众了解展览和出土文物提供直观的认知渠道，然后通过文献和考古两个不同视角，拓展历史文化背景，最后又返回到佛塔和出土文物，进而形成一个逻辑闭环。观众对讲座的热情出人意料，提出的问题也非常专业。陈雍的第四场讲座预告发布后，网上预约很快满额，不得不临时增加名额。

上述工作，将多宝佛塔和北少林寺置于公共平台，引发公众浓厚兴趣，也契合了"灵光独耀"展的初衷。这是北少林寺接受史和"人文塑造"史的延续，在盘山和北少林寺知识生成的历史

---

① 见天津市文化遗产保护中心微信公众号2023年11月7日所刊《老陈看展览（九）》。

图 17.5 "灵光独耀"展系列讲座海报 李星海提供

脉络中，带有鲜明的时代特色，进而赋予了鲜活的当代语境。此时，北少林寺是盘山历史文化遗产的重要构成，是考察盘山千年人文史的典型个案，是人们观察、讨论、解读的对象。正如陈雍所言，那些尘封在塔中的过往，"体现出少林寺僧人的立场感情与佛教思想"，在前所未有的关注中被激活和重构，成为令人着迷的历史叙事。

时间在展厅里折叠，历史在公共视域下被反复讨论，过去与现在的隔阂被打破了。我们由此看到北少林寺从历史深邃处走来的身影，由金元时期僧人活动的道场，到明清以来文人吟诵的对象，再到成为被公众关注的遗产，不断生成新的讲述方式，唤起我们对风过林梢、泉响幽谷的记忆。

对多宝佛塔出土文物的研究与认识

"灵光独耀"展筹备及开展之后，学界对多宝佛塔及其出土文物给予了持续关注。陈雍提出要加大对这批文物的整理研究力度，并给出富有建设性的意见：用考古层位学和类型学的方法，构建一组遗存的逻辑序列和相对年代；用情境考古的方法，揭示遗存共存关系的必然性；用认知考古学的方法，解释人的思想行为；用历史考古学的方法，借助文本，对遗存的内涵与名称、组合与共存、原因与结果，作出历史的阐释。

在 2023 年 10 月 28 日举办的"灵光独耀"展第四场专题讲座中，陈雍作为主讲人，又详细谈了自己的看法。他指出，考古学研究不能只是就物论物，必须"透物见人"。"物"是考古遗存，"人"是遗留下这些遗存的人。考古学要研究人的社会组织，还要研究人的行为和思想，考古学是研究人的学问。认知考古学研究，是通过考古遗存研究古代人类的精神活动和思维方式。在这个研究领域里，古代人的分类—象征体系、宗教信仰、宇宙观、价值观等，是最有意思的课题。

多宝佛塔出土文物有什么特点？这些文物有什么含义和价值？陈雍认为，多宝佛塔通过考古手段和方法，在考古情境中获得以物叙事的考古遗存现象，揭示出元明清多元一体背景下，佛教与道教从争斗到共生的历史事实。出土文物实证了中华文明的统一性和包容性，使我们加深了对中华优秀传统文化的深厚历史底蕴，以及思想道德精华的认识与理解。

2023 年 11 月 17 日下午，陈雍再次受天津市文化遗产保护中心邀请，作"多宝佛塔装藏的研究路径和方法"的学术讲座，此次讲座是上次公众讲座的延伸和拓展。

讲座共分为四个部分，环环相扣，层层深入。陈雍首先从科学分析事物的方法——"比较"入手，讲解其同中求异、异中求同的两种基本思路。通过与陕西法门寺塔、苏州瑞光塔、蓟州独乐寺塔、北京香光寺塔装藏进行比较，发现蓟州多宝佛塔装藏的特殊性，进而引出了"装藏为什么这样摆放""装藏僧人是怎么想的""他的动机和目的是什么"三个关键问题。这三个问题贯穿整个研究。

第二部分，以多宝佛塔为例，分析考古年代学、考古层位学、考古类型学、考古阐释学四大方法论的应用过程。陈雍将佛塔视为古遗址，用考古层位学分析塔身层与层之间叠压与被叠压关系以及每层佛龛龛与龛之间的平列关系；以考古年代学对佛塔装藏作出分期，抒顺造像所表达的时间走向；以考古类型学认识"同佛龛内造像组合""同层各个佛龛内造像组合""文献记载和传统的造像组合"这三种组合关系；用考古学思维分析佛教、道教造像，最后将组合带入分期，观察佛塔从下往上的发展过程。

第三部分，用情境考古、认知考古的方法阐释装藏文物。陈雍指出，考古学"透物见人"就是通过考古遗存显现的存在方式，揭示古代人群的存在方式，用"不可见"的东西去理解和解释可以见到的遗存。即通过考古遗存情境，分析古代人是怎么做的、怎么想的、怎么组织起来的。多宝佛塔佛龛造像是少林寺僧人有意识放进去的，各种造像摆放的位置、方式、数量等方面，充分体现出少林寺僧人的立场和感情。当我们把造像组合、象征、分期、分节、内容等归纳在一起时就可以发现，多宝佛塔装藏用造像讲述历史故事和弘扬佛法，以可视化的方式连接佛教信仰与实践，让信众能够更容易理解和记忆佛教教义和传统，也有助于佛教宇宙观和价值观的传播。

第四部分，用考古学话语评价装藏文物价值。蓟州多宝佛塔通过考古手段和方法，在考古情境中获得以物叙事的考古遗存及现象。这是考古学角度看价值的一个重要方面，通过出土文物组合与分布、典型文物情境分析，辅以文本研究，揭示了蓟州多宝佛塔在历史、艺术、社会方面的重要价值。

　　讲座以蓟州多宝佛塔装藏的研究思路和方法为重点，系统阐释了考古学方法论的应用和实践，不仅有助于深化对多宝佛塔出土文物的认知，也提示方法论在考古学研究中的重要性，是一次关于方法论的思路"推演"和实践"复盘"。①

---

① 关于陈雍这次讲座的内容,参见天津市文化遗产保护中心微信公众号 2023 年 11 月 18 日所刊稿。

天津北部地区的考古发现与认识

2023 年 10 月 21 日，盛立双在"灵光独耀"展系列讲座第三讲中，谈及天津北部地区的考古发现与认识。

盛立双指出，多宝佛塔及其出土文物和北少林寺所在的盘山地区，历史文化积淀深厚。如果放宽时空视域，以天津北部（蓟州、宝坻北部、武清北部）地区旧石器时代至金元时期系列重要考古发现为依托，可以进一步研究天津北部地区古代遗存的分布特征、文化特色及原因。

盛立双从天津地理区位与文物资源、先秦时期考古、汉至金元时期考古几大板块，梳理以蓟州朝阳洞、青池、张家园、小毛庄，宝坻西河务、卷子村，武清兰城、齐庄等为代表的天津北部重要考古遗存，构建距今约 10 万年至距今约 700 年时间范围内的天津考古遗存编年框架脉络，解析其文化面貌。

佛教遗存众多，是天津北部地区的古代文化特色之一，盛立双以蓟州千像寺遗址、千像寺造像、西大佛塔塔基、福山塔、多宝佛塔，武清大良塔塔基，宝坻大千佛顶铜器窖藏等考古成果为例，系统介绍了辽金至明清时期佛教文化在盘山乃至天津北部地区的广泛传播。

最后，盛立双综合天津考古七十年的发现和几代天津考古人的研究成果，从天津地理环境、文化区位、社会因素等方面作初步总结：距今 1.2 万年左右开始的全新世大暖期的到来，海平面的抬升导致现天津南部大部分为海水浸泡，距今 7000 年左右，海进变成海退，天津平原渐次成陆，这也是天津史前遗存多发现于天津北部山区和山前台地、南部遗存年代相对较晚的重要原因。进入新石器时代以来，天津处于以燕山南北长城地带为中心的北方文化区，以山东为中心的东方文化区，以关中、晋南、豫西为中心的中原文化区三大文化板块的交界、边缘和辐射区域，天津北部成为来自不同区域史前文化的接收、交汇和融合之地，考古材料呈现出"北风南下、西风东渐"的明显特征。春秋战国以来，地处农牧交错地带的天津北部，又成为北方少数民族文化渗入的前沿与活跃区域。宋辽隔界河对峙，辽代以北京为南京（燕京），天津北部成为辽控区的前沿基地，得以快速发展。辽代推崇佛教，为天津留下大批文化遗存。金代以来定都北京，运河开凿和海运漕粮，天津城市地位迅速抬升。上述认识对于解读当代天津地域文化具有参考意义。①

---

① 关于盛立双这次讲座的内容，参见天津市文化遗产保护中心微信公众号 2023 年 10 月 22 日所刊稿。

余 论

北少林寺历年久远，兴废不常，相关记载在盘山诸寺中虽属完备，但也难称体系。在如此短的篇幅中浓缩其近千年历史，只能意况大旨。

北少林寺的频繁更名，深度嵌入金元佛道之争的本事，是考察金元时期宗教史的典型个案。从这段跌宕起伏的历史中，可窥不同政权的政治统御术，以及佛道的冲突、调和过程。修于明末的多宝佛塔，出土佛、道文物以及佛教显宗、密宗器物，见证了不同文化在盘山的共生。清代，皇帝和文人引发对盘山历史文化的回顾和塑造，北少林寺由佛教寺院向文人名胜转型，并伴随着寺院的荒废，在当代被纳入文化遗产范畴。

那么，我们回顾北少林寺金元以来的历史，或许会提出这样的问题——如何认识一座寺院？这个问题乍看属于常识，如果借用本书的故事重新思考，或许还会得出新鲜认识。笔者认为，可以从以下几个角度进一步观察：

第一个角度，作为实体的建筑和建筑空间。北少林寺首先是物质存在，建筑构成了我们观察它的第一个层次，也是最为直观和形象的视觉接受。我们应留意它的空间位置、建筑风格，以及附着于建筑中的佛教艺术等要素。这需要一个最基本的前提，即寺院尚且存在。如果像北少林寺这样的古老建筑已经消失于天壤之间的寺院，该如何认识它的物质形态？

寺院作为一种独特的公共建筑，具有开放的特征。它的开放性首先表现在物质形态的不断变化。虽然古代寺院的建筑格局基本稳定，但免不了遭受自然、人为等因素影响。观察这座建筑的兴衰史，会发现一个有趣的现象：以明代为界，明代之前基本遵循"破坏—重生"的演变轨迹，先是道士破坏，然后是僧人重修，这与历代灭佛所带来的"破坏—重生"轨迹不同，而且不是单向的，僧道均试图抹掉对方的痕迹，又按照各自的方式进行重建。这个过程看似简单，但反映了金元时期两个少数民族政权统治下，不同文化从冲突到融合的历史进程。明代之后，北少林寺进入"衰落—重修"的循环，明清两代的重修基本延续了这个轨迹。明代和清康熙时期的重修以僧人自发为主，乾隆时期则以官修为主。这种区别反映出明清两朝的不同历史语境。

北少林寺的主体建筑已经无存，幸好还有多宝佛塔矗立于山崖之上。多宝佛塔作为北少林寺唯一的地上遗物，蕴含了丰富的建筑艺术元素，像是建构于盘山中盘的纪念碑，指示了山林悠久的历史文化。

第二个角度，公共属性和社会职能。寺院在古代社会治理体系中扮演的角色，很难简单概括，诸如拜佛、法会、游览乃至慈善等公共事务，因带有普遍性暂不作讨论。可以肯定的是，寺院从来都不是封闭的，观察寺院的公共活动，有助于了解其发展轨迹和不同的社会面向。北少林寺位置特殊，在清代拥有盘山"空间中心"的功能，是信息集散和传播的枢纽点，承载了清代前期官民朴素的生态保护观念。作为乾隆巡幸的"座落"，也是一种特殊的公共职能。此外，还应特别留意这样一个现象，即盘山在历史上并没有得到诸如五台山、普陀山等佛教名山的"待遇"，尽管乾隆对其进行了系统塑造，但盘山基本上按照山林寺院的自律性在发展，参与的社会事务相对有限，也远没有其他佛教名山那样显赫。这恰恰为我们提供了一个区别于其他名胜且具备完整阐释价值的全新样本，进而可以引发更加深入的思考。

第三个角度，僧人作为寺院内部活动的主体。在这个公共场域内，僧人是维持其基本功能、塑造其基本面貌、赋予其精神内核的主要力量。北少林寺不同时代的僧人呈现出的特征，大致与佛教世俗化的走向合拍。金元时期，僧人是寺院"历史叙事"的主角，宗教是该阶段寺院的基本属性。然而，从明代开始，僧人不再成为北少林寺历史的"缔造者"，我们在史料中看到的寥寥几位僧人名字，大都语焉不详。清代盘山最著名的僧人智朴和尚，严格讲是一位交游广泛的文人。明清时期，在北少林寺这个公共场域内活动的主角，是那些游山的文人和皇帝。而恰恰是从明代开始，宗教的世俗化让寺院这个公共空间承载了更多宗教之外的文化因素。僧人在不同时代对寺院带来的不同影响和在历史叙事中的沉浮兴替，折射了寺院发展的复杂轨迹。

第四个角度，与前述所对应，即观看者及其生成的庞大文本体系。笔者在本书引言中谈到了盘山的"文本遗产"，这与附着在寺院身上的与寺院难以分割的建筑、雕塑、壁画、碑铭等实体遗产不同，既与寺院紧密联系，又独立于寺院自成体系，是层累生成的结果。作为客体的观看者不断地赋予寺院新的人文意涵和历史价值，主体与客体在互动中堆叠出新的故事。在元代的历史叙事中，北少林寺处于佛道之争的旋涡。在明清文人眼中，它是被吟诵的对象，诗歌、游记、绘画、图示等构成的文本体系，塑造了一个文本中的名胜形象。[①] 当然，作为实体的寺院与作为文本的寺院并非对立、割裂的，而是在不断互动中共同累积了盘山的文化内涵。这种讨论的意义在于，提示我们既要关注那些隐藏于山中的寺院，还要留意观看者的视角，重视附着其中的层累生成的文化价值。

第五个角度，亦即对上述不同观察角度的整合，在整合的过程中，便会发现历史所呈现出的复杂状态。我们观察到的盘山寺院发展史，并不是简单的兴废史，也不仅仅是时间的演进史。比如，北少林寺在空间上扼中盘之要，但与观看者的接受心理存在反差。实事求是地讲，它在盘山的文本体系中，并非始终处于主角的位置，更多时候，是文人叙事的过渡。盘山的古代人文塑造史在民国时期终结，民国文人的游盘日记比以往任何时候都要厚重，但此时寺院已经衰败。因此，作为实体的寺院演变历程，与观看者的人文塑造史存在一种微妙的"逆向互动"。当寺院发展达到顶峰后，会不可避免地走向衰落，其历史文化意涵反倒愈发凸显出来，吸引越来越多的文人描摹和吟咏。今天，当我们用展览、讲座等方式讨论它的历史时，古老的寺院已经不复存在，这并不表明北少林寺历史的终结。尽管作为实体的古代寺院建筑走完了历史进程，仍然被人们持续关注和讨论。

此外，还要留意北少林寺知识生成中出现的误读，以及误读

---

① 商伟在《题写名胜：从黄鹤楼到凤凰台》一书中，围绕黄鹤楼和岳麓山道林二寺，对题写名胜的现象进行了深入讨论。他将"胜地"回归"胜迹"，即通过这两个字之间的意义滑动，以"迹"为中介来定义诗与地的关系，并借助"文"的传统范畴，以更好地解释题写胜迹的现象与人文风景的建构。将迹与文联系起来考察，有助于在思考这些问题时，超越主体与对象、主观与客观、内在与外在，以及文字书写与物质世界等一系列二元对立关系。他提出了"胜迹的文本化"和"文本化的胜迹"。如果把盘山的诸寺院也看作胜迹，那么，相关的诗文、绘画等文本就构成了一个意涵丰富的"文本化的胜迹"。商伟的观点有助于我们认识盘山的名胜与文本之间的互动。详见《题写名胜：从黄鹤楼到凤凰台》，生活·读书·新知三联书店，2020年。

的深层次背景。比如，是什么原因导致了智朴对寺院历史的错误认知？智朴之前的学者为什么没有兴趣关注寺院历史？智朴之后的很长时间内，为什么鲜有人发现他的问题？乾隆为什么不厌其烦地将北少林寺与嵩山少林寺并提？这些话题可能游离于北少林寺本事，但并非没有讨论的必要。推而广之，关于盘山寺院的始建年代，也需要从考古实证与文献材料入手，进行系统梳理，否则就会越传越讹。而另一个颇为流行的看法——乾隆"早知有盘山，何必下江南"的感叹，更缺乏基本的史料支撑，是托喻古人的附会。

以上讨论，是我们观察一座寺院的普遍视角。最后，还是要回到北少林寺所在的天津地区。它对认识区域历史文化，也具有重要价值。天津北部地区的深厚文化积淀，支撑了这座城市古代历史文化所能达到的高度，北少林寺是天津历史文化名城的重要构成。我们在关注这座城市建城以来的历史和近代百年的风云变幻时，也应拿出更多耐心来了解北部地区的故事。更为重要的是，如果将其置入中华文化的庞大体系和发展脉络，就会发现盘山地区和北少林寺见证了古代不同文化的和合共生。无论是佛道之辩，还是人文塑造，都体现了中华文明突出的统一性和包容性。作为整体的中华文明，海纳百川的性格不仅在于对外来文化的吸纳，也体现在作为文明整体的内部互动。这种互动，恰是碰撞、交流、融合的动态演化历程。

因此，观察盘山寺院发展的历史，应留意宏观、中观、微观三个层面：一是立足古代佛教文化的整体性，将其置于大的文化系统中去认识。脱离了佛教中国化的历史语境，就难以认识盘山在佛教发展史中所处的方位；二是不能忽视盘山所在的燕蓟地区佛教发展环境。盘山由唐代的边地成为清代的"皇家山林"，与燕蓟地区政治地位的提升密切相关，盘山佛教与燕蓟同源，历史上周边僧人的互动也较为频繁。盘山乃至北少林寺空间属性的变迁，是历史叙事的重要视角。三是从微观角度观察，也要看到盘山佛教文化的独特性。盘山在很长时间内处于少数民族政权的统治地区，又是不同政权的边界和文化交流的前沿，以北少林寺为标志，突出体现了交融共生的特色。

主要参考文献

地志

[1] 熊相撰：《蓟州志》，明嘉靖三年（1524）刻本。

[2] 张朝琮等撰：《蓟州志》，清康熙四十三年（1704）刻本。

[3] 张志奇、朱奎扬总裁，吴廷华、汪沆修：《天津县志》，清乾隆四年（1739）刻本。

[4] 徐葆莹修、仇锡廷纂：《重修蓟县志》，民国三十三年（1944）刊本。

[5] 智朴撰，吴梦麟、刘卫东校点：《盘山志》，中国书店，1997年。

[6] 蒋溥、汪由敦、董邦达等撰：《钦定盘山志》，清乾隆二十年（1755）刻本。

[7] 天津市地方志编修委员会：《天津通志·大事记》，天津社会科学院出版社，1994年。

[8] 天津市蓟县盘山志编修委员会：《盘山志》，天津社会科学院出版社，2005年（2017年8月重印本）。

史籍

[1] 祥迈：《辨伪录》，北京图书馆出版社，2002年。

[2] 赵世延、虞集等撰，周少川、魏训田、谢辉辑校：《经世大典辑校》，

中华书局，2020 年。

[3] 李志常原著，尚衍斌、黄太勇校注：《长春真人西游记校注》，中央民族大学出版社，2015 年。

[4] 耶律楚材著，向达校注：《西游录》，收入"中外交通史籍丛刊"之《西游录；异域志》，中华书局，1981 年。

[5] 论之焕：《盘山栖云王真人语录》，收入赵卫东、王光福《王志谨学案》，齐鲁书社，2015 年。

[6] 李孔昭：《秋壑吟》，天津图书馆藏清末刻本。

[7] 查为仁：《蔗塘未定稿》，清乾隆八年（1743）写刻本。

[8] 查礼：《铜鼓书堂遗稿》，清乾隆五十七年（1792）刻本。

[9] 万光泰：《柘坡居士集》，天津图书馆藏刻本。

[10] 边中宝：《竹岩诗草》，清乾隆四十年（1775）刻本。

[11] 李调元：《童山文集·补遗》，商务印书馆，民国二十五年（1936）。

专著

[1] 陈垣：《南宋初河北新道教考》，中华书局，1962 年。

[2] 白化文著，周绍良审定：《寺院与僧人》，大象出版社，1997 年。

[3] 陈高华：《元代佛教史论》，上海古籍出版社，2021 年。

[4] 任继愈总主编，杜继文主编：《佛教史》，中国社会科学出版社，1991 年。

[5] 孙昌武：《中国古代北方民族与佛教》，中华书局，2020 年。

[6] 陈雍：《考古何为》，天津人民出版社，2022 年。

[7] 盛立双：《初耕集：天津蓟县旧石器考古发现与研究》，天津古籍出版社，2014 年。

[8] 叶德荣：《宗统与法统：以嵩山少林寺为中心》，广东人民出版社，2010 年。

[9] 赵卫东、王光福：《王志谨学案》，齐鲁书社，2015 年。

[10] 张国庆：《佛教文化与辽代社会》，辽宁民族出版社，2011 年。

[11] 钟海连：《金元之际全真道兴盛探究：以丘处机为中心》，江苏人民出版社，2018 年。

[12] 杨讷：《丘处机"一言止杀"考》，上海古籍出版社，2018 年。

[13] 商伟：《题写名胜：从黄鹤楼到凤凰台》，生活·读书·新知三联书店，2020 年。

[14] 巫鸿：《废墟的故事：中国美术和视觉文化中的"在场"与"缺席"》，肖铁译，上海人民出版社，2017 年。

[15] 白俊峰：《故人在江湖：查礼与清代天津盐商艺术生活研究》，天津社会科学院出版社，2023 年。

论文

[1] 定明：《霁仑超永〈五灯全书〉与盘山智朴法系之净》，《佛学研究》2019 年第 1 期。

[2] 邵彦：《时空转换中的行宫图像——对几件〈盘山图〉的研究》，《故宫博物院院刊》2008 年第 1 期。

[3] 朱蕾、陈书砚：《清代文献记载的盘山古迹保护》，《中国文化遗产》2017 年第 1 期。

[4] 李若水：《辽代佛教寺院的营建与空间布局》，清华大学 2015 年博士论文。

[5] 谷赟：《辽塔研究》，中央美术学院 2013 年博士论文。

[6] 周璐：《清代盘山佛教研究》，南开大学 2016 年博士论文。

[7] 朱建路：《石刻文献与元代河北地区研究》，南开大学 2017 年博士论文。

[8] 何子文：《菩萨公民：佛教僧人的社会身份及其近代转变》，上海大学 2010 年博士论文。

[9] 叶宪允：《蒙元前期都城“哈剌和林”城的北少林寺考》，《世界宗教研究》2014 年第 2 期。

[10] 周璐：《蒙元时期佛道之争新探——以盘山北少林寺为中心的考察》，《科学·经济·社会》2015 年第 4 期。

[11] 周璐：《清代盘山森林资源的破坏与保护》，《农业考古》2015 年第 4 期。

[12] 杨曾文：《少林雪庭福裕和元前期的佛道之争》，《法音》2005 年第 3 期。

[13] 程佩：《蒙元时期佛道四次辩论之真相探寻》，《云南社会科学》2013 年第 2 期。

[14] 李建武：《天津旧志中宗教记载的价值与不足》，《中国地方志》2015 年第 6 期。

[15] 张彩娟、闫娟：《首都博物馆馆藏出土文物整理三题》，《首都博物馆论丛》2011 年。

[16] 邢鹏：《房山区大韩继村香光寺多宝佛塔内出土文物概况及相关研究》，《北京文博文丛》2020 年第 2 期。

[17] 赵梓汝：《乾隆朝君臣书画往来：以故宫博物院藏千尺雪图为例》，

《紫禁城》2019 年第 3 期。

[18] 薛龙春：《点缀山林：摩崖石刻与胜迹的塑造》，《北京大学学报（哲学社会科学版）》2023 年第 3 期。

[19] 张益嘉：《山景即园景——董邦达〈盘山十六景〉图卷的绘制、图像与画史意义》，《中国书画》2019 年第 3 期。

[20] 张蕾：《"早知有盘山，何必下江南"——乾隆帝与盘山的不解之缘》，《中国档案报》2018 年 10 月 19 日。

碑铭

[1] 天津盘山风景名胜区管理局编：《盘山金石志》，天津古籍出版社，2013 年。

[2] 北京图书馆金石组编：《北京图书馆藏中国历代石刻拓本汇编》，中州古籍出版社，1991 年。

[3] 缪荃孙：《艺风堂金石文字目》，收入《缪荃孙全集·金石》，张廷银、朱玉麒主编，凤凰出版社，2014 年。

[4] 孙星衍：《京畿金石考》，收入《京畿金石考；北平金石目；京兆古物调查表》，李洪波点校，北京出版社，2020 年。

[5] 樊彬：《畿辅碑目》，民国二十四年（1935）河北博物院排印本。

[6] 国立北平研究院史学研究会编：《北平金石目》，收入《京畿金石考；北平金石目；京兆古物调查表》，李洪波点校，北京出版社，2020 年。

[7] 天津市文化遗产保护中心编著，杨新主编：《盘山摩崖题刻调查报告》，科学出版社，2022 年。

[8] 许明编著：《中国佛教金石文献·塔铭墓志部》，上海书店出版社，2018 年。

考古报告集

[1] 天津市文化遗产保护中心：《天津考古（一）》，科学出版社，2013 年。

[2] 天津市文化遗产保护中心：《天津考古（二）》，科学出版社，2013 年。

[3] 天津市文化遗产保护中心：《天津考古（三）》，科学出版社，2023 年。

[4] 天津市文化遗产保护中心：《天津考古四十年资料汇编（1956~1996）》，天津社会科学院出版社，2023 年。

[5] 天津市文化遗产保护中心：《天津考古资料汇编：1997~2020》，科学出版社，2023 年。

资料集

[1] 李修生主编：《全元文》，江苏古籍出版社，1998 年。

[2] 吴景仁辑注：《乾隆蓟州诗集》，天津社会科学院出版社，2004 年。

[3] 常建华辑：《〈乾隆帝起居注〉巡幸盘山史料》，天津古籍出版社，2011 年。

[4] 白新良辑：《〈清高宗实录〉巡幸盘山史料》，天津古籍出版社，2011 年。

[5] 黄夏年主编：《辽金元佛教研究》，第二届河北禅宗文化论坛论文集，大象出版社，2012 年。

[6] 蒋维乔：《盘山二集》，"中国名胜第十五种"，商务印书馆，民国十一年（1922）。

[7] 傅增湘、周肇祥等：《艺林月刊·游山专号》第二卷《盘山》专号，民国二十年（1931）。

[8] 陈兴亚：《游盘山记》，撷华印书局，民国二十一年（1932）。

[9] 中共蓟县县委党史资料征集委员会：《盘山风云》（第一至第三辑），1984 年、1986 年、1989 年。

[10] 刘昕主编：《中国古版画·地理卷·名山图》，湖南美术出版社，1999 年。

[11] 无谷、刘志学编：《少林寺资料集》，书目文献出版社，1982 年。

[12] 无谷、姚远编：《少林寺资料集续编》，书目文献出版社，1984 年。

图版目录

图1.1　千像寺石刻造像，刘健摄

图1.2　从北少林寺俯瞰蓟州城，白俊峰摄

图1.3　《重修蓟县志》载《盘山图》

图1.4　远眺北少林寺新建筑及多宝佛塔，白俊峰摄

图1.5　北少林寺与周边山势示意图，白俊峰绘

图2.1　《钦定盘山志》载北少林寺图

图2.2　《盘山二集》载北少林寺摄影照片

图2.3　《盘游日记》载北少林寺及多宝佛塔摄影照片

图2.4　《盘游日记》载北少林寺门前三松摄影照片

图2.5　《游盘山记》载北少林寺及多宝佛塔摄影照片

图2.6　北少林寺清代建筑示意图，白俊峰绘

图3.1　北少林寺旁"红龙池"石刻，杨新摄

图3.2　北少林寺旁"盘山古迹"石刻，杨新摄

图3.3　《盘山千像祐唐寺创建讲堂碑》，刘健提供

图3.4　智朴《盘山志》载《宝峰德聚禅师行实碑记》

图3.5　《盘山金石志》载所谓《少林寺成化碑》拓片，实为《宝峰德聚禅师行实碑》残碑

图4.1 《辨伪录》载法兴寺"亥子年间，天兵始过，罕有僧人"
图4.2 智朴《盘山志》相关记载

图5.1 《辨伪录》载全真道士改法兴寺为栖云观
图5.2 《辨伪录》载丘处机蓟州之行

图6.1 《辨伪录》载佛道之辩
图6.2 《燕京蓟州盘山中盘法兴禅寺故荣公提点大师塔铭》

图7.1 《云威禅师塔记》
图7.2 陈垣《南宋初河北新道教考》内文

图8.1 练魔期碑被发现，白俊峰摄
图8.2 练魔期碑拓片，白仁杰拓
图8.3 展览中的练魔期碑，白俊峰摄

图9.1 于觉甫、卢雍游山题记，杨新摄
图9.2 卢雍、于觉甫盘山题记，杨新摄

图10.1 多宝佛塔远景，白俊峰摄
图10.2 多宝佛塔匾额，李斌摄
图10.3 多宝佛塔南侧立面图，天津大学建筑设计规划研究总院提供
图10.4 铜鎏金度母坐像，刘健提供
图10.5 铜漆金彩绘文殊菩萨坐像，刘健提供
图10.6 藏文经卷，刘健提供
图10.7 九龙浴太子造像，刘健提供
图10.8 "四分律比丘戒本"书函签条，刘健提供
图10.9 纸券广告，刘健提供
图10.10 道教真武大帝造像，刘健提供
图10.11 道教何仙姑造像，刘健提供
图10.12 《天下名山图》载《盘山图》

图11.1 《盘山金石志》载《盘山各寺主持名录碑》拓片
图11.2 胡桂绘《御书隆福寺行宫六景诗图》，台北故宫博物院藏
图11.3 乾隆盘山题《望少林寺未入》诗，杨新摄

图12.1 乾隆题《盘谷寺》诗，杨新摄

图12.2　智朴《盘山志》书影，据清同治年间刻本
图12.3　智朴题"文殊智地"，杨新摄
图12.4　康熙赐智朴御书诗拓片
图12.5　康熙赐智朴御书联拓片

图13.1　允禧《田盘山色图》之静寄山庄
图13.2　乾隆题《济源盘谷考证》，杨新摄
图13.3　乾隆《盘山图》，故宫博物院藏
图13.4　乾隆题"千尺雪"，杨新摄
图13.5　董邦达《盘山十六景图》，辽宁省博物馆藏
图13.6　乾隆《御制游盘山记》拓本
图13.7　乾隆题《少林寺》诗，杨新摄

图14.1　金玉冈绘《峰顶云罩挂月图》，天津博物馆藏
图14.2　朱岷盘山题记，杨新摄
图14.3　高镔绘《秋山听梵图》，天津博物馆藏摄影玻璃底片

图15.1　傅增湘三游盘山题记，杨新摄
图15.2　傅增湘等游盘山题记，杨新摄
图15.3　《盘山》专号载傅增湘《三游盘山记》
图15.4　静寄山庄残墙，白俊峰摄

图16.1　盘山抗日标语，杨新摄
图16.2　盘山抗日标语，杨新摄
图16.3　盘山抗日标语，杨新摄
图16.4　盘山天成寺古佛舍利塔，张烨提供
图16.5　《救国报》滦西分社和电台遗址，白俊峰摄

图17.1　提取九龙浴太子造像，刘健提供
图17.2　文物修复完成后移交至元明清天妃宫遗址博物馆，刘健提供
图17.3　"灵光独耀"展展厅一角，白俊峰摄
图17.4　"灵光独耀"展开展首日，白俊峰摄
图17.5　"灵光独耀"展系列讲座海报，李星海提供

致　谢

这本小书得到许多人帮助。

陈雍先生对北少林寺和多宝佛塔出土文物给予持续关注，指导做好"灵光独耀"展和相关研究，热情参与讲座，在微信公众号分享他的精彩见解，还帮助释读了练魔期碑碑文。先生鼓励我写写盘山，这次算是交上一篇作业，自知差强人意，还算用力用心吧。盛立双先生也鼓励我把北少林寺作为课题研究，并提出许多建议。刘健先生参与了多宝佛塔考古清理，也是出土文物保护项目的负责人，书中许多资料来自于他。杨新先生对天津地区古代碑刻素有研究，提供了史料线索和大量照片。陈扬女士参与了展览四场讲座的组织工作，帮我核校文稿。郭男平、曹嘉申、李星海、王思逸也协助整理了部分资料。蓟州区蔡习军先生熟悉本地历史文化，为我答疑解惑。我的同窗张新煜依然是我书稿的第一个读者，提出许多宝贵意见。此外，写作中还参考了一些学者的研究成果。在此，一并表示衷心感谢。

我对佛教史和佛教艺术并无专门研究，写这本小书，实出偶然，但机缘至此，还要特别感谢天津社会科学院出版社韩鹏先生、吴琼女士和责编李思文女士的热情帮助，以及诸多朋友的关心支持，是你们让这一切看起来如此顺理成章。至于书中的粗疏错漏之处，责任在我，敬请读者批评指正。

白俊峰

2023 年 12 月 31 日完稿
2024 年 5 月 27 日校毕

补　记

　　书稿即将付梓之际，偶检许同莘《盘山游记》，此文收入1928年印行的许同莘《石步山人游记》一书，所记颇为重要，故与编辑紧急商议，补缀于书后，内文不再据此修润。

　　许氏《盘山游记》记游盘时间为"辛亥二月"，但参校其他史料和游记所录，应是"癸亥二月"，即民国十二年（1923）二月。笔者使用的《石步山人游记》民国铅印本中，"辛"字旁印有一个模糊不清的小字，可能是勘误。此次游盘的时间稍晚于蒋维乔，又在傅增湘、周肇祥等人及陈兴亚之前。

　　许同莘该年二月初六日至北少林寺，看到了门前三松，其一悬洪钟，径四尺，可与周肇祥《盘游日记》所载"宣德四年钟"互证，但周氏所见钟早已"覆地"。

　　《盘山游记》中还写道，北少林寺"左为中盘寺。行宫在焉，宫门三松皆合抱"。这应该是从观者角度给出的方位，且"宫为马兰镇所管，故三松独存"。此"马兰镇"，似为清廷旧制，即马兰镇绿营武装，辖蓟州营，守卫清室重地。"行宫"应当是其保卫的目标。周肇祥《盘游日记》中亦有北少林寺"旁有行宫，今荒圮"的记载。这两处记载中的"行宫"肯定不是静寄山庄，因为静寄山庄距北少林寺尚有一段距离。但是，清代以来文献中常将静寄山庄称作盘山行宫，比如本书收录的这则史料：乾隆十二年（1747）二月十七日，"上幸少林寺、古中盘，回盘山行宫驻跸"（见《乾隆帝起居注》）。那么，北少林寺旁的"行宫"，难道是民国文人误记？这个可能性极小。联系北少林寺在清乾隆时期曾为"座落"，笔者认为，许、周等人所见的"行宫"，正是北少林寺"座落"，规模不大，可看作寺院建筑组团之一，供皇帝到寺院时暂憩，至周肇祥游盘时已经荒圮。这与动荡的时局密切相关，就连静寄山庄都在 20 世纪 20 年代难逃一劫，何况区区"座落"？

许、周二人将"座落"称作"行宫"，乃不熟悉"座落"之沿革所致。如果将其落到图像上，则是乾隆《钦定盘山志》所绘北少林寺图中，寺院左侧（东部）区域，大致位置是北少林寺主体建筑与多宝佛塔所在的龙首岩之间（这是以寺院为基点的观察角度，本书循此表达空间方位，见图 2.1），即傅增湘所谓"寺东为行宫，门外三松奇古"。图中寺院后方缓坡上的那两间房子，则是中盘寺，位于北少林寺右后侧，与《重修蓟县志》载《盘山图》（图 1.3）标明的位置完全吻合。许同莘所谓"左为中盘寺"，恰恰是从北少林寺正前方观察而得出的认识，与文献记载和实际方位并不矛盾，但易造成误解。此中盘寺规模也很小，智朴《盘山志》载，为明代宝峰禅师修，非古中盘（正法禅院）。

至于收入智朴《盘山志》、查为仁《游盘日记》和蒋维乔《盘山二集》的北少林寺殿前古柏（《盘山二集》所刊北少林寺摄影照片中尚可见），许同莘给出了消失的时间和原因："殿前古柏二株，大各数抱，宋元间所植。今伐去，售银八百余元。"蓟县知事在寺院山门上张贴的一则告示，透露了更多信息：寺僧理珍

（应为住持）以该寺年久失修为由，"请将庙产柏树伐卖，充作修缮经费"。这则告示上所留时间为民国十年（1921）四月十日。据此，北少林寺那两棵著名的古柏被伐于1921年，换来一笔修缮经费。也正是因为此次修缮，当数年后傅增湘、周肇祥等人入北少林寺时，寺院尚整洁，还能接纳和招待游客。但是，他们留下的摄影照片中，已不可能出现这两棵古柏的踪影了。

进入寺院后，许同莘看到了《蠲免盘山柴需碑》，并将碑文大略录下，收入《盘山游记》。周肇祥《盘游日记》未提此碑，原因不好揣测。

许同莘在北少林寺正殿东西墙壁还看到了天王像壁画，日久剥落，但神采奕奕。寺僧说应该刮掉重绘，许同莘告诉他："以今人画壁，无此精能。宜补其缺陷，不必涂抹。既存古迹，且可省费。"许氏所言颇中肯，寺僧以为然。

另，《盘山金石志》所录练魔期碑碑头，据说尚存，因为种种原因，笔者未能睹其真容，引为憾事。

2024年端午，补记于抱晴书屋